MW01681205

# LIDERA
## TU LEGADO FINANCIERO FAMILIAR

## DE LA TEORÍA A LA ACCIÓN

***Orlando Fujitsubo G.***
*COACH CERTIFICADO*

"La paz financiera no es un sueño inalcanzable; es el resultado de decisiones conscientes y acciones estratégicas."

LEGADO FINANCIERO
ORLANDO FUJITSUBO G. | TU COACH FINANCIERO

LIDERA tu Legado Financiero Familiar.
DE LA TEORÍA A LA ACCIÓN

ISBN: 9789962242918


Edición, Diseño y Diagramación: Orlando Fujitsubo G.
www.orlandofujitsubo.com

Diseño de Portada: Valeria Mujica
valeriamujicadg@gmail.com

Imágenes: Descargadas bajo licencia de CANVA PRO.

Impreso en: Imprenta PBS Panamá



LEGADO FINANCIERO
ORLANDO FUJITSUBO G. | TU COACH FINANCIERO

# PASOS DEL PROCESO

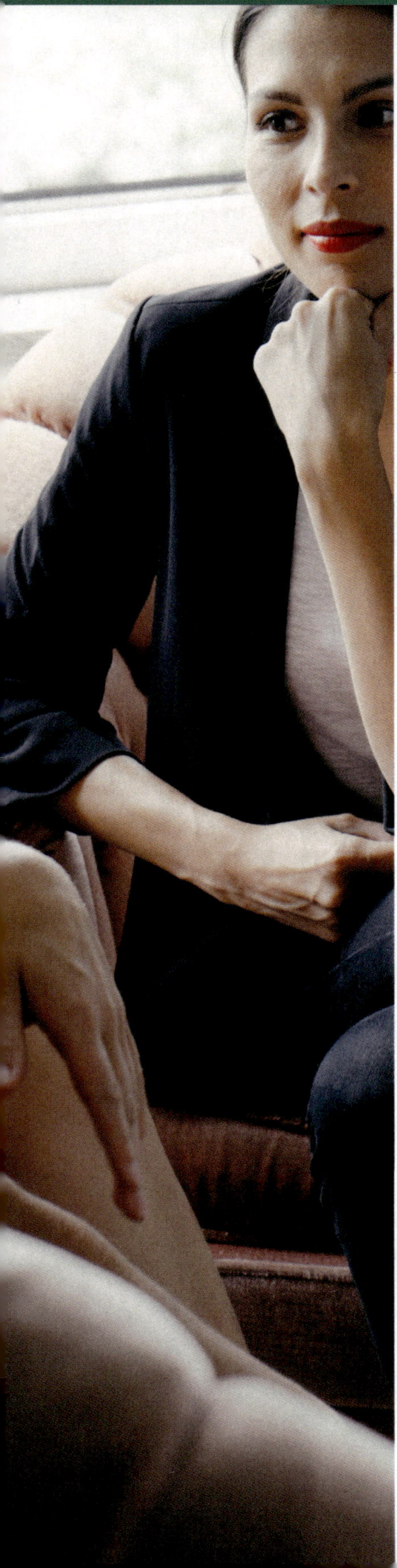


Introducción 5
El Alto Precio de la Ignorancia Financiera 7
Evaluación Previa 8
Glosario de Términos Financieros 11
Pre Requisitos del Proceso 12

**FASE 1 - MI SITUACIÓN FINANCIERA ACTUAL 13**

Mi Posición de Liquidez Actual 15
Gastos Personales y Familiares 17
Prueba de Solvencia Financiera 18
Capacidad de Ahorro 19
Test de Sostenibiilidad Financiera 19
Evaluación de Ingresos y Gastos 21
Mi Yo Financiero del Futuro 22
Mejorando mi Relación de Gastos 24
Mi Situación Crediticia Actual 29
Evaluación de Activos 33
Cálculo del Patrimonio Neto 34

**FASE 2 - MIS OBJETIVOS FINANCIEROS 35**

Mis Objetivos Transformadores 37
¿Cómo escoger una meta financiera? 39

**FASE 3 - ACCIONES ESTRATÉGICAS 43**

Proceso Estratégico 45
Lleve un Plan de Presupuesto 46
Abra Espacios para Generar Ahorros 47
Acciones para Reducir Gastos 48
Plan de Ahorro 51
Acciones para Reducir los Créditos 52
Evalúe Opciones de Ingreso Pasivo 55
Plan de Inversión 55
Mi Mapa hacia la Libertad Financiera 58

Sabiduría Financiera - Ahorra al menos el 20% de tus ingresos.

# INTRODUCCIÓN

## ¿Qué es el coaching financiero?

El coaching financiero es una disciplina que ayuda a las personas a mejorar su situación financiera a través de un proceso de entrenamiento y acompañamiento. A diferencia de un asesor financiero, el coach busca empoderar al individuo para que desarrolle habilidades y conocimientos para gestionar sus finanzas a largo plazo. Este enfoque es más realista, ya que se centra en la situación concreta del individuo y sus posibilidades.

El proceso implica trabajar con un coach especializado que utiliza técnicas para identificar metas financieras y crear un plan de acción personalizado. Esto incluye evaluar la situación actual del individuo y su núcleo familiar, analizando ingresos, gastos, compromisos y activos. A partir de esta evaluación, se establecen objetivos claros y alcanzables siguiendo el modelo S.M.A.R.T (específicos, medibles, alcanzables, relevantes y en el tiempo).

## ¿Cómo le puede ayudar un coach financiero?

*Educación Financiera*: adquirirá comprensión de conceptos clave como presupuesto, gasto, ahorro e inversión para, así, tomar decisiones más informadas.

*Establecimiento de Metas*: aprenderá a definir metas financieras realistas y posibles, lo que proporciona un sentido de dirección y propósito en su gestión financiera.

*Planificación Financiera*: desarrollará un plan financiero adaptado a sus necesidades y circunstancias, facilitando el seguimiento de su progreso y ajustes necesarios.

*Reducción de Deudas:* le ayudará a desarrollar hábitos saludables para usar el dinero, lo que contribuye a la reducción de deudas y al control del gasto.

*Mejora de la Calidad de Vida:* al controlar sus finanzas, experimentará una disminución del estrés financiero y mejorará su bienestar general y calidad de vida.

*Desarrollo Personal*: fomenta la autoconfianza y la autonomía en la toma de decisiones financieras y lo empodera para convertirse en un gestor activo de su dinero en lugar de depender de otros para obtener soluciones.

***"Es una herramienta valiosa para quienes desean mejorar su situación financiera. A través de un enfoque personalizado, le ayudará a tomar control de sus finanzas, establecer metas y diseñar acciones para comenzar a vivir en paz financiera."***

# RESPÓNDASE ESTA PREGUNTA ANTES DE AVANZAR.

## ¿CUÁL ES MI META?

7

# EL ALTO PRECIO DE LA IGNORANCIA FINANCIERA

La falta de educación financiera afecta nuestro bienestar económico y emocional. Sin el conocimiento ni habilidades para gestionar el dinero podemos tomar decisiones costosas que comprometen nuestras metas y sueños. Estos son los riesgos:

## RIESGO #1: **Deudas excesivas y abusivas**

Se incrementa el peligro de adquirir deudas, como las tarjetas de crédito con altas tasas de interés o los préstamos con cuotas elevadas y plazos largos, en condiciones desfavorables. La falta de comprensión sobre los términos del crédito puede llevar a un ciclo de endeudamiento que afecta la capacidad de ahorro y la estabilidad financiera a largo plazo, generando también estrés y ansiedad.

## RIESGO #2: **Malas Decisiones de Inversión**

La ignorancia financiera puede facilitar caer en malas inversiones, al no saber cómo identificar los riesgos. Generalmente, las personas con bajo nivel de inteligencia financiera suelen ser víctimas de estafas dado su interés de encontrar ganancias rápidas. Estas malas elecciones resultan en pérdidas significativas, limitan la acumulación de riqueza y generan desconfianza hacia futuras inversiones.

## RIESGO #3: **Estrés y Deterioro de la Salud Mental**

La falta de control sobre las finanzas provoca altos niveles de estrés y ansiedad. Este estrés financiero puede derivar en problemas de salud mental, como depresión, insomnio, adicciones y otros comportamientos poco saludables. En casos extremos, puede llegar a afectar relaciones personales y generar pensamientos auto destructivos.

## RIESGO #4: **Perpetuar la Dependencia en el Crédito**

La ignorancia financiera tiene efectos a nivel social y generacional. Las familias con baja educación financiera suelen perpetuar patrones de mal manejo del dinero, transmitiendo sus limitaciones a las nuevas generaciones. Esto limitará las oportunidades de movilidad social y agravará la desigualdad económica de una generación a la siguiente.

## RIESGO #5: **Llegar Desprotegido a la Vejez**

Las personas con bajo nivel de inteligencia financiera no toman medidas de preparación financiera para la vejez. No tienen un plan financiero a largo plazo que les garantice vivir dignamente sus años de retiro laboral. Esto puede llevar a una dependencia económica en familiares o en el sistema de seguridad social, que a menudo no es suficiente para cubrir las necesidades básicas. Además, la ausencia de un enfoque proactivo en la planificación financiera puede resultar en una falta de recursos para enfrentar imprevistos médicos o cambios en el estilo de vida durante la jubilación.

*Sabiduría Financiera - Prioriza el pago de deudas altas y caras.*

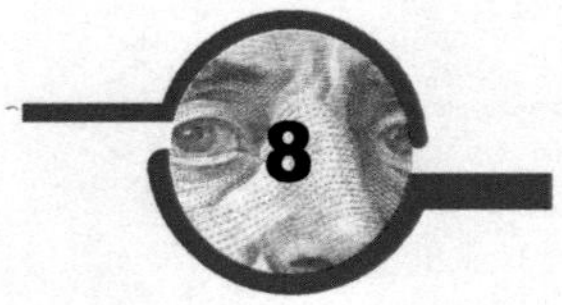


# EVALUACIÓN PREVIA

## ¿Acaso necesito coaching financiero?

**Instrucciones:**

Responda cada pregunta seleccionando la opción que mejor describe su situación. Debe ser muy honesta/o al responder. Recuerde que para cambiar su situación financiera actual, lo primero que debe hacer es comprometerse con su propio aprendizaje y evolución.

Al final del test hay una tabla de evaluación. Sume los puntos obtenidos en cada respuesta para obtener su puntaje total. Coteje su resultado con la tabla.

**Preguntas:**

1. ¿Tiene un presupuesto mensual que sigue regularmente?
   A) Sí, lo tengo y lo sigo al pie de la letra. (3 puntos)
   B) Sí, pero no siempre lo sigo. (2 puntos)
   C) No, no tengo un presupuesto. (0 puntos)

2. ¿Conoce el total de sus deudas y de su costo financiero (intereses, plazos, etc.)?
   A) Sí, tengo un registro claro de todas mis deudas. (3 puntos)
   B) Sé que tengo deudas, pero no tengo un registro detallado. (1 punto)
   C) No, no tengo idea de cuántas deudas tengo. (0 puntos)

3. ¿Tiene un fondo de emergencia ahorrado?
   A) Sí, tengo ahorros que cubren al menos 6 meses de gastos. (3 puntos)
   B) Tengo algo de ahorro, pero no es suficiente para 6 meses. (1 punto)
   C) No tengo ningún ahorro. (0 puntos)

4. ¿Tiene metas financieras claramente definidas?
   A) Sí, tengo metas a corto, mediano y largo plazo. (3 puntos)
   B) Tengo algunas metas, pero no son muy claras. (1 punto)
   C) No tengo metas financieras definidas. (0 puntos)

5. ¿Cómo maneja sus gastos imprevistos?
   A) Tengo un plan y un fondo para gastos imprevistos. (3 puntos)
   B) Generalmente uso mi tarjeta de crédito. (1 punto)
   C) No tengo un plan y me siento abrumado. (0 puntos)

6. ¿Con qué frecuencia revisa su situación financiera?
   A) Mensualmente. (3 puntos)
   B) Cada pocos meses. (1 punto)
   C) Rara vez o nunca. (0 puntos)

7. ¿Confía en que sus decisiones financieras actuales le permitirán mantener o mejorar su estilo de vida en el futuro?

   A) Sí, estoy confiada/o de seguir mejorando mi situación actual. (3 puntos)
   B) Creo que voy algo bien, pero no tengo confianza plena. (1 punto)
   C) No, no creo que este haciendo lo correcto con el dinero. (0 puntos)

8. ¿Cómo se siente al hablar sobre dinero y finanzas?
   A) Me siento seguro y confiado. (3 puntos)
   B) A veces me siento incómodo. (1 punto)
   C) Me siento muy ansioso o abrumado. (0 puntos)
9. ¿Tiene un plan de ahorro o inversión a largo plazo?
   A) Sí, tengo un plan y lo sigo. (3 puntos)
   B) Tengo algunas ideas, pero no un plan formal. (1 punto)
   C) No tengo ningún plan. (0 puntos)
10. ¿Le gustaría mejorar su situación financiera y aprender más sobre el manejo del dinero?
   A) Sí, estoy muy interesado en aprender. (3 puntos)
   B) Me gustaría, pero no estoy seguro de por dónde empezar. (1 punto)
   C) No, no creo que necesite ayuda. (0 puntos)
11. ¿Ha tomado medidas para asegurar su futuro financiero, como ahorrar para la jubilación o contratar seguros de salud adecuados?
   A) Sí, tengo un plan financiero y de salud en ejecución para mi vejez. (3 puntos)
   B) Tengo algunos ahorros y una póliza de salud de cobertura definida. (1 punto)
   C) No, no tengo nada en desarrollo en este sentido. (0 puntos)
12. ¿Se siente segura/o sobre cómo educar a sus hijos sobre finanzas personales?
   A) Me siento segura/o y confiada/o. (3 puntos)
   B) A veces me siento incómoda/o. (1 punto)
   C) No se cómo hacerlo. (0 puntos)

**Mis resultados:**

*Puntuación de 27-36 puntos:* **¡Súper!** Tiene una buena comprensión de sus finanzas y está en el camino correcto. Sin embargo, un coach financiero podría ayudarle a afinar sus estrategias, su plan financiero a largo plazo y alcanzar sus metas más rápido.

*Puntuación de 17-26 puntos:* **¡Necesita atención!** Tiene algunas bases sólidas, pero hay áreas que podrían beneficiarse de un coaching financiero. Considere trabajar con un profesional para mejorar su conocimiento y habilidades.

*Puntuación de 0-16 puntos:* **¡Actúe antes de que le sea imposible salirse de la rueda del hámster!** Su situación financiera exige una intervención de un coach financiero que le ayude a entender mejor sus finanzas, establecer metas y crear un plan de acción efectivo.

## Auto Diagnóstico Inicial

**MI PROBLEMA ES**
**¿Qué?**

**ME AFECTA ASÍ**
**¿Cómo?**

**PUEDO RESOLVERLO**
**¿De qué forma?**

**COMPROMETIDO**
**¿Con qué?**

# ¿Y qué tal? ¿Le sorprendieron sus resultados?

## Describa tres aspectos de su relación con el dinero que le gustaría cambiar ya.

1

2

3

# GLOSARIO DE TÉRMINOS FINANCIEROS

1. *Presupuesto:* plan financiero que detalla los ingresos y gastos esperados en un período.
2. *Ahorro:* parte del ingreso que no se gasta y se reserva con propósito para uso futuro.
3. *Metas financieras:* objetivos específicos que una persona desea alcanzar en relación con su dinero, como ahorrar para una casa o pagar deudas.
4. *Flujo de efectivo:* se refiere al movimiento de dinero que entra y sale durante un período. Es una medida de salud financiera, ya que muestra cómo se gestiona el dinero.
5. *Crédito:* dinero que una persona debe a otra, generalmente con un interés asociado.
6. *Deuda:* surge cuando se incumplen los términos acordados en un crédito.
7. *Tasa de Interés:* costo que se paga por el uso del dinero prestado o que se recibe por el dinero ahorrado. Se expresa en porcentaje. También se relaciona al precio del dinero.
8. *Fondo de emergencia:* ahorros reservados para cubrir gastos imprevistos, como reparaciones o emergencias médicas.
9. *Liquidez:* facilidad con la que puede convertir sus activos (dinero, ahorro, propiedades o inversiones) en efectivo rápidamente, sin perder valor.
10. *Gastos fijos:* gastos que no cambian de un mes a otro, como el alquiler, la letra de la hipoteca, la colegiatura de los hijos, las primas del seguro o la letra del auto.
11. *Gastos variables:* gastos que pueden fluctuar cada mes, como la electricidad.
12. *Gastos imprevistos o circunstanciales:* están relacionados con situaciones o eventos que no se pueden anticipar. Surgen de forma ocasional, inesperada y variable.
13. *Gastos discrecionales:* estos son opcionales y no esenciales, como cenas fuera de casa o conciertos. Se pueden evitar sin consecuencias.
14. *Plan de ahorro:* estrategia que define cómo y cuánto ahorrar para alcanzar objetivos financieros específicos.
15. *Plan de acción financiero:* estrategia detallada que establece los pasos a seguir para alcanzar las metas financieras.
16. *Ingreso pasivo:* se generan de forma regular sin necesidad de dedicar tiempo o esfuerzo continuo, como alquiler de propiedades, intereses bancarios, dividendos de acciones, regalías por derechos de autor y ganancias sobre inversiones.
17. *Diversificación:* estrategia de inversión que consiste en distribuir el capital entre diferentes activos para reducir el riesgo.
18. *Rendimiento:* ganancia obtenida de una inversión, generalmente expresada como un porcentaje del capital invertido. También se asocia a la ganancia generada por los depósitos bancarios en forma de cuentas de ahorro y depósitos a término.
19. *Gastos Hormiga:* son los gastos en los que incurrimos, casi que a diario, sin darnos cuenta de ellos. Son compras por impulso como un botella de agua, un snack, etc.

# PRE REQUISITOS DEL PROCESO

Antes de iniciar un proceso de autocoaching financiero tenga muy en cuenta lo siguiente:

1. **Disponibilidad de Tiempo** - Asegúrese de tener tiempo suficiente para dedicarlo a la evaluación de sus finanzas, al aprendizaje y a la modificación de sus hábitos.
2. **Compromiso Personal** - Debe estar dispuesto a comprometerse con el proceso. El autocoaching requiere esfuerzo y dedicación para lograr cambios significativos.
3. **Confianza en su Capacidad de Cambio** - Confíe en su capacidad para mejorar sus finanzas. La autoconfianza es clave para enfrentar desafíos y avanzar.
4. **Apertura a Aprender** - Mantenga una mentalidad abierta para aprender sobre finanzas personales, incluso si algunos conceptos son nuevos o desafiantes. Maneje la resistencia.
5. **Disposición para Reflexionar** - Prepárese para reflexionar sobre tus hábitos, creencias y emociones relacionadas con el dinero.
6. **Establecimiento de Prioridades** - Defina qué aspectos de su vida financiera son más importantes y establezca prioridades claras que guiarán su proceso.
7. **Apoyo Emocional** - Considere contar con el apoyo de amigos, familiares o un mentor que pueda motivarle y ofrecerle orientación durante su proceso.
8. **Paciencia y Perseverancia** - Reconozca que los cambios financieros no ocurren de la noche a la mañana. La paciencia y la perseverancia son clave para alcanzar sus metas.
9. **Capacidad para Manejar el Estrés** - Prepárese para manejar el estrés que puede surgir al enfrentar problemas financieros o al realizar cambios significativos en su vida.
10. **Reconocimiento del Valor del Autocoaching** - Comprenda que el valor del autocoaching reside en su compromiso y dedicación si desea ver resultados.
11. **Disposición para Tomar Decisiones Difíciles** - Debe estar dispuesto a tomar decisiones difíciles, como reducir gastos, cambiar hábitos y hacer sacrificios.
12. **Visión a Largo Plazo** - Mantenga una perspectiva a largo plazo sobre sus objetivos financieros. Esto te ayudará a mantenerse enfocado y motivado durante el proceso.

# FASE 1

# MI SITUACIÓN FINANCIERA ACTUAL

## "No ahorres lo que queda después de gastar, gasta lo que queda después de ahorrar."

*Warren Buffett*

## ¿POR QUÉ ES IMPORTANTE ESTA FRASE?

### Prioriza el ahorro

Al ahorrar primero, se asegura que una parte de sus ingresos esté destinada a sus objetivos a largo plazo, como la jubilación o la compra de una casa.

### Cambia la mentalidad

En lugar de ver el ahorro como un gasto residual, lo convierte en una prioridad, lo que puede llevar a un mayor crecimiento financiero.

### Construye hábitos financieros saludables

Al hacer del ahorro un hábito, está construyendo una base sólida para su futuro financiero.

# MI POSICIÓN DE LIQUIDEZ ACTUAL

El autoconocimiento es clave para definir un plan de acción viable que genere resultados a largo plazo. Los procesos de cambio y transformación solo son posibles cuando tenemos claridad sobre nuestro punto de partida.

## INGRESO FAMILIAR

Un aspecto crítico en este proceso es identificar todos los ingresos, tanto personales como familiares. Sea honesto con su realidad financiera y reconozca todos los factores que afectan su situación, ya sea positiva o negativamente. ¡Evite el autoengaño!

En el siguiente cuadro, usted y los que contribuyen al presupuesto familiar deben registrar los ingresos en un mes típico. Si el ingreso proviene de un salario, anote el salario neto (descontar impuestos y seguridad social). Si su ingreso es variable, utilice un promedio de los últimos seis meses. Identifique el ingreso más alto y el más bajo del período; esto sirve para entender la dinámica de sus ingresos. Es útil para definir un plan de contingencia.

| FUENTES DE INGRESOS | MIEMBRO #1 | MIEMBRO #2 | MIEMBRO #3 |
|---|---|---|---|
| **SALARIO NETO MENSUAL**<br>(Lo que recibe neto después de impuestos) | $ | $ | $ |
| **OTROS SALARIOS**<br>(Otros ingresos como gastos de representación y bonificaciones ) | $ | $ | $ |
| **COMISIONES**<br>(Comisiones por ventas y regalías recibidas de cualquier fuente ) | $ | $ | $ |
| **GANANCIAS Y RÉDITOS**<br>(Ganancias de inversiones en bolsa, fondos mutuos e intereses) | $ | $ | $ |
| **ALQUILERES**<br>(Ingresos derivados del alquiler de propiedades o autos) | $ | $ | $ |
| **OTROS INGRESOS**<br>(Otros ingresos como regalías, honorarios, servicios profesionales) | $ | $ | $ |
| **TOTALES:** | $ | $ | $ |

Antes de avanzar, realice el siguiente ejercicio de auto análisis. Le ayudará a identificar su potencial para generar más ingresos. Es probable que parte de su situación financiera solo se resolverá generando más ingresos. Esto es algo que no debe descartar.

Hay personas que son financieramente competentes y administran bien sus recursos. No obstante, son personas que viven al límite porque no generan suficientes ingresos para ahorrar. Si esta es su situación, no se desanime y continúe el proceso. Solo responda estas 10 preguntas exploratorias para ayudarle a conocerse mejor y a fijar mejor su objetivo:

1.- ¿Cuáles son mis habilidades más fuertes y cómo puedo monetizarlas?

Conocer sus fortalezas le permite enfocar sus esfuerzos en áreas donde tiene ventaja competitiva y potencial para generar más ingresos.

2.- ¿Qué conocimientos, competencias y habilidades específicas tengo que son valiosas en el mercado laboral y empresarial?

Los conocimientos, competencias y habilidades especializadas y actualizadas son cada vez más valoradas. Identificarlas le ayudará a posicionarse mejor y de forma más valiosa para el mercado.

3.- ¿Estoy dispuesto a invertir tiempo y esfuerzo en aprender nuevas habilidades que me permitan aumentar mis ingresos?

La mejora continua es clave para el crecimiento profesional y los ingresos. Su disposición y determinación para aprender es fundamental.

4.- ¿En verdad estoy dispuesta/o a mejorar mi educación financiera?

Las buenas prácticas en torno al uso del dinero y conocimientos sólidos sobre finanzas personales le permitirán administrar mejor sus ingresos, presentes y futuros. Tener más ingresos sin educación financiera lo llevará de vuelta al punto inicial en el que esta hoy.

5.- ¿Qué actitudes tengo hacia el trabajo y el éxito y cómo pueden estar afectando mis oportunidades de ingresos?

Sus actitudes influyen en su desempeño y en cómo es percibida/o. Identificar actitudes limitantes le ayudarán a mejorarlas.

6.- ¿He identificado nichos en mi campo profesional donde puedo ofrecer valor diferenciado?

Encontrar un nicho o enfoque único le permite destacar y cobrar más por su tiempo, servicios o productos.

7.- ¿Estoy abierto a recibir retroalimentación sobre mi desempeño y a hacer los cambios?

Una capacidad de adaptación alta es clave para mejorar y crecer como profesional.

8.- ¿Estoy gestionando mis redes de contacto para crear oportunidades de crecimiento?

Las redes de contactos pueden abrir puertas a nuevas oportunidades de ingresos. Cultivarlas y aprovecharlas es importante.

9.- ¿Cómo enfrento los fracasos, qué lecciones he aprendido de ellos y como esos aprendizajes me pueden ayudar a avanzar?

Aprender de los errores y fracasos es útil para evitar repetirlos y para desarrollar competencias que nos blinden a futuro.

10.- ¿Qué pasos concretos puedo tomar en los próximos meses para mejorar mi situación financiera y profesional?

Tener un plan de acción concreto y medible es esencial para mejorar sus ingresos. Definir acciones tácticas clave le mantendrán enfocada/o.

Al reflexionar sobre estas preguntas, estará identificando sus fortalezas, áreas de mejora y oportunidades para generar más ingresos. **Todo proceso de transformación inicia con el auto conocimiento.**

Hay que señalar que la generación de ingresos adicionales es un proceso gradual. Generar más ingresos no es una tarea fácil para la mayoría de las personas, pero sin duda, es posible para todo aquel que se lo proponga. No se desanime si no tiene todas las respuestas de inmediato. ¡Lo importante es comenzar a tomar acción y seguir aprendiendo!

# GASTOS PERSONALES Y FAMILIARES

La gestión adecuada de las finanzas inicia con la comprensión de los 4 tipos de gastos:

**GASTOS FIJOS** | **GASTOS VARIABLES**

**GASTOS IMPREVISTOS** | **GASTOS DISCRECIONALES**

Esta clasificación no solo ayuda a identificar áreas donde se puede ahorrar, sino que facilita la planificación de un presupuesto realista. Entender cada gasto ayuda a tomar decisiones más estratégicas, asegurando así una mejor salud financiera a largo plazo.

Use la siguiente matriz para validar sus gastos del último mes. **Esto le permitirá conocer cómo esta disponiendo de su ingreso mensual.** Tenga a mano las facturas, estados de cuenta bancaria y la conciliación de su cuenta corriente. Asegúrese de tener acceso a su banca en línea. Al finalizar, sume cada columna.

| GASTOS FIJOS | GASTOS VARIABLES | GASTOS IMPREVISTOS | GASTOS DISCRECIONALES |
|---|---|---|---|
| Alquiler, hipoteca y cuota de PH | Alimentos, bebidas y gastos hormiga | Reparaciones y mantenimiento en el hogar | Cenas fuera de casa, visitas a bares, discoteca, etc. |
| $ | $ | $ | $ |
| Servicios (agua, cable, internet, plataformas, teléfono, aseo) | Gasolina y transporte | Gastos de salud no planificados | Vacaciones y viajes no planificados |
| $ | $ | $ | $ |
| Colegiaturas, matrículas, gastos escolares, transporte colegial | Gastos de mascotas (alimentos, veterinario, juguetes, snaks) | Gastos de formación y desarrollo personal no planficados | Gastos en juegos de azar (rifas, lotería, casino, bingo) |
| $ | $ | $ | $ |
| Seguros de salud | Vestimenta y cuidado personal | Multas, sanciones, recargos bancarios y penalizaciones | Entretenimiento no planificado - cine, playa, concierto, playa, etc. |
| $ | $ | $ | $ |
| Cursos, membresías, suscripciones y licencias | Paquetería, propinas y donanciones | Reparaciones del auto por daños, colisión, etc. | Hobbies y actividades extra no esenciales |
| $ | $ | $ | $ |
| Servicios domésticos | Gas de cocina, electricidad y otros servicios | Gastos por mudanza | Compras no esenciales de todo tipo |
| $ | $ | $ | $ |
| Otros seguros (vida, incendio, auto, accidentes) e impuestos | Gastos médicos y de salud | Regalos inesperados, ayuda social y donaciones | Decoración del hogar, arreglos cosmético (casa, auto, etc) |
| $ | $ | $ | $ |
| **Total:** $ | **Total:** $ | **Total:** $ | **Total:** $ |

Ya tiene identificados **dos factores clave del proceso: ingresos y gastos mensuales.** Ahora podrá entender la forma como se relaciona con el dinero. La distribución de los ingresos varía mucho según el tamaño de la familia, el estilo de vida, la ubicación geográfica y factores económicos. Siguiendo una guía general respaldada por estudios del Banco Mundial y OCDE, la distribución del ingreso para una familia de clase media puede ser así:

- **Gastos Fijos - GF** - Representan del 50% al 60% del ingreso.
- **Gastos Variables - GV** - Representan del 20% al 25% del ingreso.
- **Gastos Imprevistos - GI** - Representan del 10% al 15% del ingreso.
- **Gastos Discrecionales - GD** - Representan del 5% al 10% del ingreso.
- Ahorro de un 10% al 15% del ingreso neto total. Es clave ahorrar para el futuro, ya sea para una emergencia, una meta a largo plazo (casa, educación) o la jubilación.

Determine la distribución de su gasto y defina si está usted actuando dentro de los porcentajes esperados o si se está desfasando.

$$\Sigma \text{ Total de Gastos} = GF + GV + GI + GD$$

$$\Sigma \text{ Total de Gastos} = \$ \underline{\qquad\qquad}$$

| % GASTOS FIJOS | % GASTOS VARIABLES | % GASTOS IMPREVISTOS | % GASTOS DISCRECIONALES |
|---|---|---|---|
| Total de Gastos Fijos/Total de Gasto | Total de Gastos Variables/Total de Gasto | Total de Gastos Imprevistos/Total de Gasto | Total de Gastos Discrecionales/Total de Gasto |
| % | % | % | % |

Compare sus resultados con los porcentajes promedio estimados para una familia de clase media. **¿Qué impresión le queda? ¿Se siente cómodo?** Lo importante es que tome conciencia de la forma cómo se esta relacionando con el dinero.

# PRUEBA DE SOLVENCIA FINANCIERA

Evaluar la relación entre lo que gana, lo que gasta y en qué lo gasta es clave para saber si sus finanzas están en balance. Así identificará las áreas críticas que ponen en riesgo su paz financiera. **Su nivel de *SCD* dicta las decisiones que toma hoy**, afectando su futuro y sus metas. Para mejorar, debe aprender a trabajar con la fórmula para la libertad financiera. Para mejorar su comprensión y aprendizaje, esta fórmula está explicada en el Capítulo 2 del libro *LIDERA tu Legado Financiero Familiar*. Como puede ver, la clave es priorizar el ahorrar por encima de cualquier gasto no esencial.

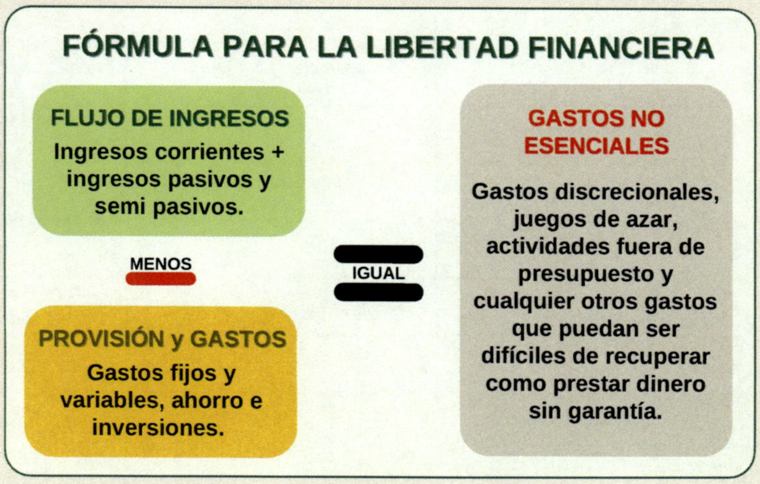

# CAPACIDAD DE AHORRO

Determinar la **capacidad de ahorro** es clave para definir sus metas y las estrategias que lo apoyen. Debe conocer cómo usa sus ingresos y priorizar el ahorro. De seguro se está preguntando **¿cuánto ahorrar?** Esto depende de la capacidad, estilo de vida y necesidades de cada persona. Sin embargo, para tener un norte vamos a establecer una regla de oro:

**[ Es deseable llegar a la edad de retiro con un ahorro equivalente a por lo menos 5 años de ingresos promedios de su vida productiva. ]**

En el portal https://orlandofujitsubo.com/biblioteca-de-recursos/ se encuentra el archivo con los cuadros de trabajo para que realice sus cálculos. ¡Hágalo a consciencia!

| ESTIMACIÓN DEL AHORRO | | % DEL INGRESO | CÁLCULO DEL AHORRO SEGÚN LA EDAD Y EL HISTORIAL DE INGRESOS | | | |
|---|---|---|---|---|---|---|
| TOTAL DE INGRESO FAMILIAR: | $0.00 | | Edad de Inicio Laboral: | 0 | Ingreso Anual Inicial: | $0.00 |
| *Menos* Total de Gastos Fijos | $0.00 | 0.00% | Edad Actual: | 0 | Ingreso Anual Actual: | $0.00 |
| *Menos* Total de Gastos Variables | $0.00 | 0.00% | Ingreso Promedio Anual: | $0.00 | Ingreso Promedio Mensual: | $0.00 |
| *Menos* Total de Gastos Imprevistos | $0.00 | 0.00% | Ahorro Acumulado Deseable: | $0.00 | Ahorro Acumulado Real: | $0.00 |
| *Menos* Total de Gastos Discrecionales | $0.00 | 0.00% | Tasa de Interés Anual - Ahorro: | 0.00% | Periodo de Ahorro (meses): | 720 |
| | | | Ahorro Anual Recomendado: | $0.00 | | |
| TOTAL DE INGRESO DISPONIBLE PARA AHORRO: | $0.00 | 0.00% | Ahorro Mensual Recomendado: | $0.00 | AÑOS DE INGRESOS PROMEDIO AHORRADOS: | 0.0 |
| | | | Acumulado a los 60 años: | $0.00 | | |

Si el ingreso disponible para ahorro da un resultado negativo indica que gasta más de lo que recibe y que parte de sus gastos se pagan con crédito o ahorros. Esta es una posición financiera débil. Si ha tenido una emergencia médica o un incidente inesperado, eso puede justificar el desfase; de lo contrario el problema es otro. Identifique en qué tipo de gastos está usando crédito (préstamo bancario, tarjeta de crédito o deudas con familiares). Recuerde que aunque no pague intereses (como en un préstamo familiar), sigue teniendo una deuda. Por otro lado, un ingreso disponible para ahorro en positivo indica un nivel de salud financiera que debe administrarse de forma inteligente a largo plazo.

# TEST DE SOSTENIBILIDAD FINANCIERA

Con este test puede conocer si su nivel de ingreso corriente será suficiente a largo plazo, considerando los gastos y compromisos financieros actuales. A través de varias preguntas se puede concluir si el saldo que obtiene después de cubrir sus gastos es realmente un indicativo o no de estabilidad financiera o si es necesario ajustar ciertos hábitos. Recuerde que una de sus metas debe ser garantizar que su bienestar económico no se vea comprometido por decisiones impulsivas o gastos no planificados.

| ESTIMACIÓN DEL AHORRO | | PATRIMONIO LÍQUIDO ACUMULADO DEL PERIODO | |
|---|---|---|---|
| TOTAL DE INGRESO FAMILIAR: | $ | AHORRO DEL PERIODO EN CUENTA DE AHORRO | $ |
| *Menos:* TOTAL DE GASTOS DEL PERIODO | $ | SALDO DISPONIBLE EN CUENTA CORRIENTE | $ |
| TOTAL DE AHORRO ESTIMADO: | $ | CONTRIBUCIÓN DEL PERIODO AL FONDO DE PENSIÓN | $ |
| | | INTERESES BANCARIOS GENERADOS EN EL PERIODO | $ |
| **Diferencial:** AHORRO ESTIMADO - PATRIMONIO LÍQUIDO ACUMULADO | $ | DINERO LÍQUIDO DISPONIBLE (EFECTIVO) | $ |
| | | TOTAL DE PATRIMONIO LÍQUIDO ACUMULADO: | $ |

# VALIDACIÓN

Ahora puede validar varios hechos concretos útiles para su crecimiento y desarrollo financiero. Para lograrlo, responda cada pregunta de forma responsable. Es importante que no siga avanzando hasta que logre comprender bien cada aspecto.

**¿El total del ingreso disponible para ahorro es igual al patrimonio líquido acumulado?**

**SÍ** ◯ Las cantidades registradas como gastos están bien y se complementan de forma adecuada con la liquidez del periodo.

**NO** ◯ Las cantidades registradas en gastos **no** están bien y **no** se complementan de forma adecuada con la liquidez del periodo.

**¿El patrimonio líquido acumulado es menor que el resultado disponible para ahorro?**
**-** *Si no es menor, pase a la siguiente pregunta.*

**VALIDE**

- ✓ Que las cantidades registradas como gastos sean las correctas y encuentre qué gastos ha dejado sin registrar.
- ✓ Todo el dinero que haya guardado / ahorrado y si le ha prestado dinero a alguien o si le ha regalado dinero a alguna persona.
- ✓ Si tiene gastos incidentales o gastos hormigas que no esté contabilizando debidamente.

**¿El patrimonio líquido acumulado es mayor que el resultado disponible para ahorro?**

**VALIDE**

- ✓ Que las cantidades registradas como ingresos sean los correctos y encuentre qué rubros de ingreso ha dejado sin registrar.
- ✓ Que los saldos bancarios, intereses y depósitos registrados sean del periodo en estudio y estén debidamente identificados.
- ✓ Que las cantidades registradas en los gastos sean las correctas y que estas no estén infladas o sobre estimadas.

**¿El patrimonio líquido acumulado y el disponible para ahorro tienden a cero?**

**REVISE**

- ✓ Sus fuentes de ingresos y explore alternativas para incrementarlas en el corto y mediano plazo.
- ✓ A cuánto ascienden los créditos adquiridos para cubrir gastos del periodo y revise si posee algún nivel de morosidad en los pagos.
- ✓ En qué tipo de gastos usted está utilizando el crédito para suplirlos. Si se tratan de gastos discrecionales, debe detenerse de inmediato.

**¿El patrimonio líquido acumulado da un resultado negativo?**

**REVISE**

- ✓ En cuánto ha disminuido su ahorro durante el periodo y constate si esto es algo que ha venido sucediendo con frecuencia.
- ✓ En qué circunstancias se ha visto obligado/a a echarle mano a sus ahorros.
- ✓ En qué tipo de gastos usted está usando sus ahorros. Si se tratan de gastos discrecionales, considere reponer esos fondos.

Usted ha alcanzado una mejor comprensión de la forma cómo se relaciona con el dinero. Entender el sentido común del dinero es clave en su proceso para consolidar una posición financiera robusta. Las decisiones que toma son clave para desarrollar la capacidad de crear riqueza o, por lo menos, gozar de paz financiera. **Tome en cuenta que cualquier mejoría en su situación actual es deseable y marcará un antes y un después.**

# EVALUACIÓN DE INGRESOS Y GASTOS

Usted debe tomar varias decisiones sobre la forma cómo está utilizando sus ingresos. Ya comprende mejor su situación y ahora debe tomar acción para cambiarla. Hay dos caminos complementarios que se pueden seguir para mejorar la posición financiera:

**1.- INCREMENTAR LOS INGRESOS MENSUALES**

Por lo general es lo más difícil de lograr para la mayoría. Aunque las alternativas son infinitas, dependemos de muchos factores, incontrolables en su mayoría, lo que lo hace más difícil de cumplir. Sin embargo, usted no debe descartar esta posibilidad ya que no todas las personas son iguales, ni tienen la misma formación y experiencia. Evalúe su potencial personal y profesional y tome acción de la forma que mejor se ajuste a su objetivo financiero.

**SI SU RELACIÓN CON EL DINERO NO ES SALUDABLE, NO IMPORTA CUÁNTO DINERO GANE; SIEMPRE ESTARÁ EN UNA SITUACIÓN FINANCIERA COMPLICADA.**

Recuerde que lo que complica su situación financiera no es tanto la falta de ingresos, sino cómo toma decisiones de compra y gasta su dinero. Esto define su relación con el dinero a lo largo del tiempo. Sea autocrítico y evalúe si tener más ingresos resolverá sus problemas.

Hay alternativas que puede explorar sin perder de vista sus objetivos, compromisos y potencial personal. Entre las opciones están:

- Solicitar un aumento de salario.
- Obtener un segundo empleo.
- Cambiarse a un empleo mejor remunerado.
- Desarrollar alguna actividad extra en las horas libres.
- Generar ingresos pasivos *(intereses, ganancias sobre acciones, regalías y comisiones).*
- Desarrollar un emprendimiento.
- Invertir como inversionista ángel en emprendimientos rentables.
- Invertir en bolsa de valores y activos financieros *(no es recomendable si no posee conocimiento o si su tolerancia al riesgo es baja.)*

Cualquier opción que tome implica compromiso y riesgo que debe asumir. No actúe de forma apresurada. Asegúrese de tener la mayor cantidad de garantías posibles antes de actuar. También debe valorar cómo cada una de estas afectaría su relación familiar.

Si ha llegado a la conclusión de que aún no puede incrementar sus ingresos, la pregunta que debe hacerse es qué necesita para estar listo. Identifique qué le falta y tome acción, por ejemplo: termine sus estudios, estudie una maestría u otra carrera, aprenda un idioma, desarrolle alguna competencia tecnológica, etc. ¡Siempre hay espacio para mejorar y crecer!

Para ayudarle a conectar su ***YO inconforme*** de hoy con su ***YO exitoso*** de mañana, le invito a leer la obra *LIDERA tu Crecimiento Profesional antes de los 30*. No se deje llevar por el título si ya pasó de los 30 años. Esta es una guía de auto descubrimiento, auto conocimiento y auto desarrollo que ya le ha permitido a miles de personas iniciar sus procesos de transformación y cambio en la dirección de sus metas y objetivos, alineados con la realidad de los mercados. Domine el arte de gestionar su desarrollo y confianza para crecer personal y profesionalmente. Ahora, le invito a reflexionar en las siguientes preguntas:

1. ¿Qué me impide o me condiciona para no poder generar más ingresos?
2. ¿Qué estoy haciendo para mejorar y generar más ingresos?
3. ¿Qué tanto me he preparado para aprovechar las oportunidades que se me presentan?
4. ¿Qué más puedo hacer para mejorar mi situación financiera actual?
5. ¿Qué estoy dispuesto a sacrificar para generar más ingresos?

**2.- DISMINUIR LOS GASTOS MENSUALES**

Este aspecto lo abordaremos con detenimiento más adelante. Ciertamente, cuando los ingresos no aumentan, la única salida recomendable es bajar los gastos. Difícilmente recurrir al crédito será una buena solución. Entonces, gran parte del esfuerzo inicial que debe hacer es desarrollar un plan de acción para **priorizar gastos y disminuir aquellos que no sean esenciales para la vida.**

# MI YO FINANCIERO DEL FUTURO

Un punto crítico que debemos enfrentar hoy es su futuro. Todos tenemos un compromiso ineludible con nuestro YO del futuro, lo que nos obliga a pensar hoy en las condiciones en las que viviremos más adelante.

He aprendido, a través de mis interacciones de coaching, que a menudo nos cuesta conectar con nuestro YO futuro. No nos damos cuenta de que las condiciones actuales, las cuales valoramos, cambiarán en contra nuestra y debemos llegar preparados. Un ejemplo claro es la jubilación, donde la mayoría experimenta una reducción significativa de ingresos. Aquellos sin un plan financiero y sin inteligencia financiera suelen sufrir una disminución en su calidad de vida, lo que también afecta a su núcleo familiar.

**UNA VERDAD QUE DOLERÁ**

La expectativa de vida sigue aumentando. En promedio, viviremos hasta los 80 años. La pregunta es si ya tiene un plan para llegar a esa edad dignamente. Recuerde que la inflación incrementará su costo de vida al tiempo que erosionará el poder adquisitivo de sus ahorros e ingresos. Si el flujo de ingresos no mejora y no toma decisiones financieras inteligentes hoy, es muy probable que enfrente cambios drásticos en su vida.

Por ejemplo, una persona de 50 años con un ingreso neto de $3,500 al mes cubre todos sus gastos. Si la expectativa de vida es de 80 años y la inflación promedio es del 3% anual, ¿cuánto ingreso necesitará en 30 años para mantener su estilo de vida?

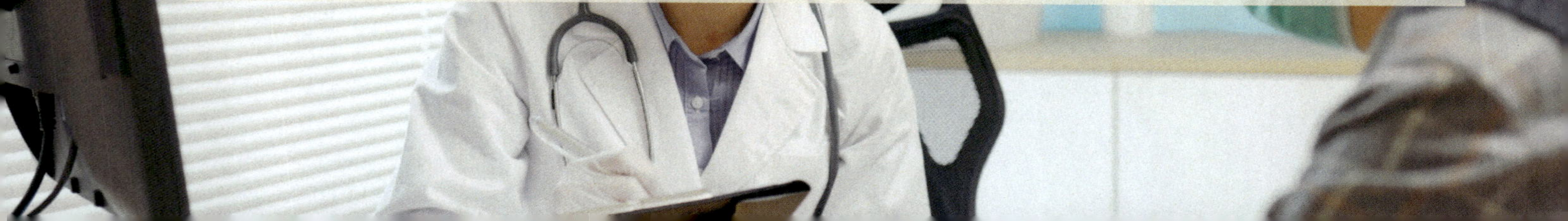

$$FV = PV \times (1+r)^{n}$$
$$FV = \$3{,}500 \times (1+0.03)^{30}$$
$$FV = \$3{,}500 \times (1.03)^{30}$$
$$FV = \$3{,}500 \times 2.427$$
$$FV = \$8{,}484.50$$

**FV** = Ingreso futuro necesario
**PV** = Ingreso presente ($3,500)
**r** = Tasa promedio de inflación (3%)
**n** = Número de años (30)

En 30 años esta persona necesitará aproximadamente $8,485 de ingreso neto mensual para mantener su estilo de vida, asumiendo una tasa de inflación interanual constante del 3% y que los mismos gastos se mantengan vigentes.

Usted debe estar pensando que esto no es del todo cierto ya que probablemente muchos de los gastos que hoy sustenta con su ingreso ya habrán desaparecido para cuando usted llegue a 80 años. Esa es una apreciación bastante acertada. Algunas cosas van a cambiar: no tendrá hijos en la escuela, ya habrá terminado de pagar su casa y probablemente no tenga que pagar auto o ciertos créditos. Pero hay otros rubros que toman mayor protagonismo como los gastos médicos que tienden a aumentar al tiempo que envejecemos.

| | Tasa de Inflación Estimada (%) | |
|---|---|---|
| **País** | **Economía General** | **Sector Salud** |
| **Panamá** | 2.2% | 8.0% |
| **Argentina** | 193.0% | 22.5% |
| **Brasil** | 5.8% | 12.5% |
| **México** | 4.2% | 10.0% |
| **Chile** | 5.0% | 7.5% |
| **Colombia** | 5.8% | 8.5% |

FUENTE: Informes 2024 del Banco Mundial y OMS

Para que este ejercicio le sea más realista, he diseñado el siguiente modelo que le debe dar una idea bastante buena sobre lo que debe comenzar a priorizar si desea llegar más protegido a la vejez. Esta es una matriz de trabajo de muy fácil uso. Al momento de trabajar en ella, usted debe poder conectar su realidad presente con un futuro incierto, pero que en algún momento se hará realidad. Para acceder al planificador escanee el código QR o digite https://orlandofujitsubo.com/biblioteca-de-recursos/ en su buscador en la web.

Planificador

**PLANIFICADOR DE INGRESOS Y GASTOS PROYECTADO DE HOY A 30 AÑOS**

| | INGRESO NETO MENSUAL | TOTAL DE GASTOS REGULARES MENSUAL | TOTAL DE GASTOS EN SALUD MENSUAL | TASA DE INFLACIÓN INTERANUAL | TASA DE INFLACIÓN DE GASTOS MÉDICOS | CAPACIDAD DE AHORRO PROYECTADA |
|---|---|---|---|---|---|---|
| HOY | **$0.00** | $0.00 | $0.00 | 2.2% | 8.0% | $0.00 |
| A 5 AÑOS | $0.00 | $0.00 | $0.00 | 2.2% | 8.0% | $0.00 |
| A 10 AÑOS | $0.00 | $0.00 | $0.00 | 2.2% | 8.0% | $0.00 |
| A 15 AÑOS | $0.00 | $0.00 | $0.00 | 2.2% | 8.0% | $0.00 |
| A 20 AÑOS | $0.00 | $0.00 | $0.00 | 2.2% | 8.0% | $0.00 |
| A 25 AÑOS | $0.00 | $0.00 | $0.00 | 2.2% | 8.0% | $0.00 |
| A 30 AÑOS | $0.00 | $0.00 | $0.00 | 2.2% | 8.0% | $0.00 |

Este ejercicio de planeación le será muy útil por varios motivos valiosos para usted:

**Primero...** le obliga a **pensar desde hoy en un futuro** que probablemente no está considerando en sus decisiones presentes.

**Segundo...** le obliga a **ver sus gastos en una perspectiva a largo plazo**. Verá que las decisiones de gasto de hoy sí tienen un efecto en el largo plazo.

**Tercero...** hace que usted **reflexione sobre** lo que le espera si continua por la ruta actual sin tomar las medidas de control de riesgo necesarias que le garantice **una vejez más digna**.

**Cuarto...** tomará conciencia de que **el futuro será frágil** en función del nivel de inteligencia financiera que comience a desarrollar hoy.

# MEJORANDO MI RELACIÓN DE GASTOS

La manera más rápida y efectiva de mejorar su situación financiera es revisar los gastos y modificar la conducta de compra. Al tomar conciencia de cómo gastamos, es más fácil generar cambios que optimicen nuestros ingresos. Aunque nuestras necesidades son esenciales para vivir, la felicidad no depende de acumular bienes. Sin embargo, nuestra paz mental y física se ve afectada por nuestra capacidad para satisfacer necesidades.

Para entender nuestro consumo, podemos referirnos al modelo de Maslow, conocido como la "Pirámide de Maslow". Este modelo describe una jerarquía de necesidades que deben satisfacerse en un orden específico para alcanzar la autorrealización. Según Maslow, no se pueden alcanzar los niveles superiores sin satisfacer primero las necesidades básicas.

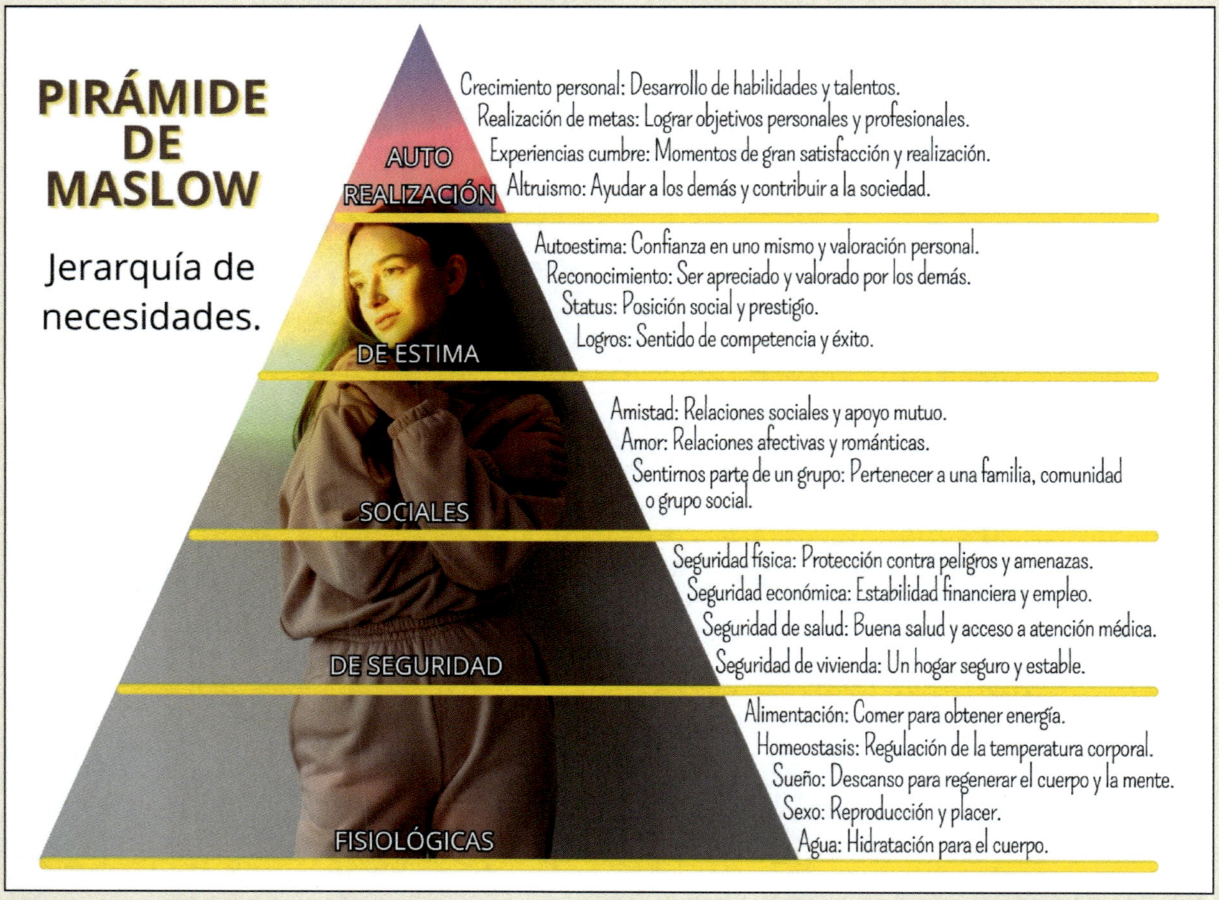


En gran medida, **todos nuestros gastos están sujetos a ser revisados, cambiados o minimizados**. Realmente no hay ningún gasto que no cumpla con este precepto. Esto significa que depende de nosotros y de la forma como nos auto percibimos y conducimos.

Ya se ha establecido que los gastos se clasifican en cuatro grupos:

- **Gastos Fijos**
- **Gastos Variables**
- **Gastos Imprevistos**
- **Gastos Discrecionales**

En esta sección vamos a repetir el ejercicio previamente hecho para estimar sus gastos, pero en esta ocasión vamos a hacer el ejercicio de forma más detallada. Como podrá ver en cada ejercicio, se han identificado por separado cada rubro de gasto. De esta forma, usted tendrá la tarea de validar realmente cada gasto y anotarlo para identificar las líneas de gasto que debe modificar de forma apremiante. No pierda de vista su planificador financiero y hagas allí también los ajustes que vaya haciendo a partir de ahora.

## GASTOS FIJOS

Aprendizaje Valioso

Para avanzar revise el contenido de las páginas 113 a 119 del libro *LIDERA tu Legado Financiero Familiar*. Ahí le comparto estrategias específicas para revisar y disminuir el componente de gasto fijo que actualmente mantiene y que pudiese estar consumiendo hasta un 60% del total de sus ingresos. Entre más alto es su porcentaje de gastos fijos, menor será su libertad de disponer de dinero para los demás gastos necesarios para su bienestar.

Es fundamental destacar que **todos los gastos fijos son susceptibles de reducción**. Su éxito dependerá de su compromiso con este objetivo. No pase por alto este punto; tómese el tiempo necesario para leer y estudiar las recomendaciones en estas siete páginas. Al ver los resultados, comprobará que todo cambio es posible.

Es crucial tener un inventario completo y preciso de sus gastos fijos mensuales. Algunos gastos, como alquiler, hipoteca, cuota de mantenimiento y colegiatura, tienen montos fijos. Sin embargo, otros, como el teléfono o celular, pueden variar si se excede el uso contratado.

| GASTOS FIJOS | MONTO MENSUAL | % DEL INGRESO |
|---|---|---|
| Gasto de alquiler o hipoteca | $ | % |
| Cuota de mantenimiento de PH | $ | % |
| Pensión y Manutención de menores (Divorciados) | $ | % |
| Servicio de telefonía residencial y móvil | $ | % |
| Servicios - agua, recolección de basura, etc. | $ | % |
| Plataformas (Netflix, Max, etc), Internet, Cable TV | $ | % |
| Colegiaturas, matrículas y actividades escolares | $ | % |
| Transporte Escolar | $ | % |

| GASTOS FIJOS | MONTO MENSUAL | % DEL INGRESO |
|---|---|---|
| Seguros Varios: salud, auto, vida, hogar. | $ | % |
| Cursos y actividades contratadas | $ | % |
| Membresías a gimnasios, revistas, clubes, diarios | $ | % |
| Letra de préstamos y créditos bancarios | $ | % |
| Impuesto de inmueble | $ | % |
| Servicios doméstico | $ | % |
| Licencias: Office, CANVA, Chat GPT, etc. | $ | % |
| Otros: | $ | % |

**CADA GASTO FIJO QUE ASUME REDUCE SU FLUJO DE EFECTIVO Y LIMITA SU CAPACIDAD DE AHORRO; ELIJA CON SABIDURÍA Y PRIORICE SU PAZ FINANCIERA.**

**Los gastos fijos pueden reducirse**. Evalúe sus opciones, comprenda por qué los adquirió y revise qué uso le da. Al igual que comparamos precios al comprar bienes, los gastos fijos también están sujetos a comparaciones, descuentos y modificaciones. Si identifica un gasto que no puede reducir, al menos ahora tiene conciencia de su impacto.

## GASTOS VARIABLES

Estos son el segundo rubro más importante ya que constituyen la mayoría de los **gastos esenciales** en nuestra vida, sin importar nuestra situación económica. Estos gastos varían mensualmente y **dependen en gran medida de nuestras decisiones de consumo**. Aunque la inflación los afecta, la verdadera variabilidad proviene de cómo compramos y gastamos. Aquí es donde el concepto de *Sentido Común del Dinero* (*SCD*) resulta relevante.

El *SCD* se refiere al valor que le damos al dinero y cómo lo manejamos. Por ejemplo, $100 en manos de dos personas con diferente nivel de *SCD* rendirá de forma distinta. Un mayor *SCD* refleja mayor inteligencia financiera. Para profundizar en este tema, consulte la página 31 del libro *LIDERA tu Legado Financiero Familiar*. Aunque no podemos convertir estos gastos en fijos, sí podemos reducir su variabilidad y liberar recursos para ahorrar, enfrentar imprevistos o invertir. Usar un presupuesto es clave.

Aprendizaje Valioso

| GASTOS VARIABLES | MONTO MENSUAL | % DEL INGRESO |
|---|---|---|
| Supermercado (excluir los gastos hormiga) | $ | % |
| Gasolina, mantenimiento de auto, peaje y otros | $ | % |
| Consumo de electricidad | $ | % |
| Consumo de gas de cocina | $ | % |
| Gastos de mascotas | $ | % |
| Productos de limpieza y jardinería | $ | % |
| Útiles escolares y otros gastos educativos | $ | % |
| Ropa y calzado | $ | % |

| GASTOS VARIABLES | MONTO MENSUAL | % DEL INGRESO |
|---|---|---|
| Aseo y cuidado personal (no masajes ni spas) | $ | % |
| Gastos médicos, laboratorios y hospital | $ | % |
| Medicamentos y tratamientos | $ | % |
| Pasajes y servicios de transporte | $ | % |
| Consumos en restaurantes y en la calle | $ | % |
| Gastos de entretenimiento y diversión | $ | % |
| Gastos Hormiga (agua, snacks, empanadas,etc) | $ | % |
| Donaciones, limosnas, propinas y regalías | $ | % |

Tras completar el cuadro de gastos variables, ahora más detallado que el anterior, su comprensión sobre sus hábitos de gasto es más realista. Ha reconocido cómo y en qué gasta, así como el impacto de estos gastos en su ingreso mensual. **¿Le gusta lo que ve?**

El siguiente paso es evaluar la relevancia de cada gasto para su bienestar y propósito. Recuerde que para mejorar su situación financiera debe ajustar sus esquemas de gasto y consumo y puede implicar ciertos sacrificios. Por favor, haga un alto y revise el contenido del capítulo 7 titulado "Arrópese hasta donde la manta alcance" en el libro *LIDERA tu Legado Financiero Familiar*.

Aprendizaje Valioso

Considere aspectos como veces que va al supermercado, gastos hormiga, durabilidad de los productos que compra (alimentos y artículos personales) y gastos en transporte. **Siempre podrá ahorrar si es consciente de sus hábitos de consumo.** No se complique tratando de cambiar muchos hábitos a la vez. Identifique tres áreas de gasto y consumo que se comprometa a mejorar de inmediato y actúe. Luego, evalúe cómo estos cambios impactan su situación financiera y continúe ajustando. Cada mejora lo motivará a alcanzar nuevas metas y le ayudará a comprender el valor de establecer límites en sus gastos.

| RUBRO DE GASTO POR MEJORAR | GASTO MENSUAL ACTUAL | GASTO MENSUAL OBJETIVO |
|---|---|---|
| | $ | $ |
| | $ | $ |
| | $ | $ |

A medida que mejore alguna línea de gasto y haya "aprendido" a controlarlo, remplace este por uno nuevo y repita el proceso. Así mejorará de forma gradual y sostenible.

## GASTOS IMPREVISTOS

Son gastos en los que incurrimos con cierta frecuencia, pero que no los podemos predecir con precisión. Algunos sí se pueden anticipar y podemos buscar la forma de estar cubiertos. Ese es el caso de un daño en el auto o de algún aparato en casa. Son eventos que suceden y que debemos estar preparados para cuando ocurran. Hay quienes piensan que las tarjetas de créditos y los préstamos son para cubrir esos gastos. Si usted es de los que piensa así, probablemente se esté poniendo en una situación financiera difícil. Recuerde que **recurrir al crédito debe ser la excepción y no la regla**.

| GASTOS IMPREVISTOS | MONTO MENSUAL | % DEL INGRESO |
|---|---|---|
| Reparaciones y mantenimiento en el hogar | $ | % |
| Reparaciones y mantenimiento del auto | $ | % |
| Gastos médicos no planificados | $ | % |
| Matrículas en cursos, entrenamientos y talleres no planificados | $ | % |
| Gastos de mudanza | $ | % |
| Multas y sanciones legales | $ | % |
| Regalos y atenciones sociales inesperadas | $ | % |
| Penalizaciones y recargos bancarios | $ | % |

**Los gastos imprevistos son la principal razón para crear un fondo de ahorro para contingencias.** Debemos prepararnos para ellos sin depender del crédito, a menos que sea absolutamente necesario. Aunque en situaciones graves pueda ser necesario usar crédito, lo ideal es contar con un fondo específico para estas circunstancias. Los gastos imprevistos deben asumirse, ya que no son fácilmente predecibles y no podemos evitarlos simplemente por no querer gastar.

Es importante reconocer que muchos bienes se desgastan o se dañan. Anticiparse a estos eventos es una muestra de inteligencia financiera. No debemos suponer que el auto no tendrá problemas, el refrigerador siempre funcionará o que nadie en la familia se enfermará; la probabilidad de que ocurran estos eventos es alta.

Al finalizar este ejercicio, le será útil revisar los últimos 12 meses y ver cómo han fluctuado estos gastos. Tal vez descubra rubros que se repiten con frecuencia. **Su éxito dependerá de su capacidad para gestionar mejor cada gasto, sin importar su naturaleza.**

## GASTOS DISCRECIONALES

Estos gastos tienen la particularidad de que pueden ser detenidos, postergados o eliminados a nuestro antojo y deseo. *¡Sí, usted tiene el control al 100%!* No son gastos que atentan contra la vida ni contra el bienestar. Dependen completamente de nosotros, de nuestra auto percepción y de nuestros deseos de consumo. Por ende, es posible vivir sin incurrir en gastos discrecionales. *¡No los necesitamos, ni siquiera para ser felices!*

Gran parte de la justificación de estos gastos está relacionada con nuestra auto imagen, creencias limitantes sobre nuestra realidad social y el deseo de encajar. Un ejemplo claro es el celular que usa. Si siente la necesidad de tener el último iPhone, probablemente tenga una razón que lo respalde. Si su situación económica es solvente, quizás esto no le cause problemas. Sin embargo, si su realidad es distinta, es importante considerar que el costo-beneficio de esta compra no se justifica. De estos ejemplos hay muchos y al analizarlos, siempre llegaremos a la misma conclusión y es que estos gastos no contribuyen a nuestra felicidad, éxito o bienestar. Le invito a revisar las páginas 79 a 81 del libro *LIDERA tu Legado Financiero Familiar*. Allí explico qué es el costo de oportunidad y cómo es útil para elevar su inteligencia financiera.

Aprendizaje Valioso

Con lo antes explicado, no estoy diciendo que usted no pueda disfrutar de gustos o incluso lujos. Lo importante es tener claro que estos gastos son evitables y programables. Por ejemplo, un viaje familiar no es un lujo, sino parte de una buena convivencia, y puede planificarse. Evite los impulsos y compras no planificadas.

| GASTOS DISCRECIONALES | GASTO MENSUAL | % DEL INGRESO |
|---|---|---|
| Cambios de aparatos tecnológicos y electrónicos | $ | % |
| Arreglos y decoraciones en el hogar no esenciales | $ | % |
| Dispositivos de comunicación y otros de última generación | $ | % |
| Viajes de placer y vacaciones no programadas | $ | % |
| Entradas a conciertos, eventos y ferias no programados | $ | % |
| Cenas y eventos sociales por encima de lo presupuestado | $ | % |
| Rifas, lotería, casino y otras formas de juegos de azar | $ | % |
| Gastos en hobbies y actividades extra no presupuestadas | $ | % |
| Compras por moda o tendencia sin que exista una necesidad | $ | % |

Los gastos discrecionales son en gran medida responsables de una pobre situación económica. El mal uso que le damos al dinero nos puede poner en una situación difícil de controlar y limitarnos en nuestra capacidad de crear ahorro para contingencias, otras necesidades e inversión. Lo cierto es que estos gastos se dan por razón de auto percepción y presión social. Ellos obedecen más a nuestros deseos que a nuestras necesidades.

Si usted es capaz de controlar sus impulsos, tomar control de su mente consumidora y no dejarse influenciar por su entorno, es muy probable que mejorará su posición financiera en muy corto plazo. Antes de realizar un gasto discrecional, hágase la siguiente pregunta:

**¿CÓMO ESTE GASTO IMPACTARÁ MI META DE MEJORAR MI POSICIÓN FINANCIERA?**

# MI SITUACIÓN CREDITICIA ACTUAL

Una vez que ha evaluado su liquidez, tiene una comprensión clara de cómo utiliza su dinero y cómo puede crear espacio para sus ahorros: emergencia, contingencias y gastos programados. Ahora es momento de analizar un aspecto más complejo de su perfil financiero: el crédito. Muchas personas que buscan asesoría financiera enfrentan desfases debido a niveles elevados de endeudamiento. Esto es crítico porque para generar ahorros primero debe reducir el endeudamiento a corto plazo.

Las deudas a corto plazo son obligaciones que deben pagarse rápidamente y suelen tener tasas de interés altas, como las tarjetas de crédito. Este tipo de deuda incluye préstamos personales, líneas de crédito y facturas por pagar. Aunque pueden parecer parte de su vida diaria, es fundamental minimizarlas, ya que afectan su capacidad para cumplir con otras obligaciones y ahorrar para cumplir la meta.

Identificar estos rubros de crédito es clave para diseñar una estrategia que fortalezca la posición financiera. En el siguiente cuadro detalle sus compromisos crediticios con bancos, entidades financieras, comercios (mueblería, tiendas, etc) o prestamistas. Tenga a mano la información necesaria: términos, condiciones y saldo actual de cada crédito.

| TIPO DE CRÉDITO | ACREEDOR | SALDO A LA FECHA | INTERÉS ANUAL | PLAZO RESTANTE | LETRA MENSUAL |
|---|---|---|---|---|---|
| Préstamo Personal #1 | | $ | % | Años | $ |
| Préstamo Personal #2 | | $ | % | Años | $ |
| Préstamo Personal #2 | | $ | % | Años | $ |
| Hipoteca Casa #1 | | $ | % | Años | $ |
| Hipoteca Casa #2 | | $ | % | Años | $ |
| Hipoteca Auto #1 | | $ | % | Años | $ |
| Hipoteca Auto #2 | | $ | % | Años | $ |
| Otro Tipo de Préstamo | | $ | % | Años | $ |
| Otro Tipo de Préstamo | | $ | % | Años | $ |

**TOTAL DE DEUDA A LA FECHA:** $
(Sume todos los saldos a la fecha)

**TOTAL DE LETRAS PAGADAS EN UN MES:** $
(Sume los montos de todos las letra mensuales)

Usted acaba de construir una imagen parcial de sus situación crediticia. No se deje engañar por el hecho de que con sus ingresos usted cumple con esos compromisos. Lo cierto es que **entre más comprometido tenga su ingreso, menos podrá generar ahorro** y, por ende, menor será su capacidad de invertir para fortalecer su posición financiera futura. En el cuadro no aparecen las tarjetas de crédito. Esas las veremos más adelante.

Aquí le comparto la fórmula para calcular el costo en el tiempo de un crédito. Esta es una aproximación de costo que de seguro le abrirá los ojos y le hará pensar en la mejor forma de comenzar a reducir su nivel de endeudamiento.

**Costo Total = ((Pago Mensual × (Años x 12)) − Monto Total**

Suponga que tiene un préstamo personal de $3,000.00, mantiene un saldo de $1,700.00 y los debe pagar en 10 meses. Su letra mensual es de $200.00.

**Costo Total = (($200 × (10)) − $1,700**

**Costo Total = $2,000 − $1,700**

**Costo Total = $300.00**

La fórmula para calcular la tasa de interés pagada al final del periodo es la siguiente:

$$\text{Interés Mensual a Término} = \frac{\text{Valor del Interés Generado}}{\text{Capital Adeudado x Años}} \times 100$$

$$\text{Interés Mensual a Término} = \left(\frac{\$300}{\$1{,}700 \times (10/12)}\right) \times 100$$

$$\text{Tasa de Interés a Término} = 14.71\%$$

Si compara el interés contratado cuando adquirió el préstamo con el interés que realmente estaría pagando en el periodo que resta, verá cuánto le cuesta ese dinero. En 10 meses usted pagará $300 por encima del saldo adeudado, o sea, $30 mensuales que pudo ahorrar si eliminara ese crédito. Esto es un aumento de $230 en su flujo de efectivo.

Repita el mismo ejercicio para cada uno de los créditos vigentes identificados en la tabla anterior. Anote los resultados consolidados por línea en la tabla siguiente.

| TIPO DE CRÉDITO | INTERESES POR PAGAR |
|---|---|
| Total de Préstamos Personales | $ |
| Total de Préstamos Hipotecarios | $ |
| Total de Préstamos de Auto | $ |
| Total de Otros Préstamos | $ |
| **TOTAL DE INTERESES POR PAGAR:** | $ |

Como puede observar, el monto de los intereses que estará pagando a corto, mediano y largo plazo constituye una fuerte erogación de sus ingresos totales.

# TARJETAS DE CRÉDITO

Las tarjetas de crédito se tratan por separado por el impacto que tienen en las finanzas de las personas. Es la forma de crédito más común que se utiliza y la principal razón es su fácil acceso. Sin embargo, es el instrumento que demanda el mayor nivel de *SCD* para su uso. Si usted es usuario de tarjetas de crédito, tome control de estos 4 elementos clave:

- Tasa de Interés
- Pago Mínimo
- Fecha de Corte y Fecha Límite de Pago
- Pago para No Generar Intereses

Aquí tiene una breve explicación de la importancia crítica de cada uno de los cuatro elementos clave en el uso efectivo de las tarjetas de crédito:

1. **Tasa de Interés -** La tasa de interés es el costo que pagará por el dinero que utiliza a través de la tarjeta de crédito. Una tasa alta puede llevar a que las deudas crezcan rápidamente si no se paga el saldo total cada mes.

*Importancia:* Le permite evaluar el costo real de tus compras a crédito y tomar decisiones informadas sobre cuándo y cómo usar tu tarjeta. Es deseable pagar el saldo total para evitar cargos innecesarios.

2. **Fecha de Corte y Fecha Límite de Pago** - La fecha de corte es el día en que se cierra el ciclo de facturación, mientras que la fecha límite de pago es el último día para realizar un pago sin incurrir en cargos por mora.

*Importancia:* Le ayuda a planificar sus pagos y evitar cargos por intereses o penalizaciones costosas. Pagar después de la fecha límite puede afectar su historial crediticio y resultar en cargos adicionales, así que es crucial estar al tanto.

3. **Pago Mínimo** - El pago mínimo es la cantidad más baja que puede abonar para mantener su cuenta al día. Aunque puede parecer conveniente, pagar solo esta cantidad puede llevar a un ciclo de deuda prolongado debido a los intereses acumulados.

*Importancia:* Le ayuda a evitar caer en la trampa del endeudamiento si se acostumbra a pagar por encima de ese valor. Al hacerlo, reduce el saldo y se ahorra intereses.

4. **Pago para No Generar Intereses** - Este es el monto que debe pagar para evitar que se generen intereses sobre su saldo. Generalmente equivale al saldo del mes anterior.

*Importancia:* Le ayuda a usar su tarjeta sin incurrir en costos adicionales. Si paga esta cantidad a tiempo, puede disfrutar de los beneficios de la tarjeta (como recompensas o promociones) sin preocuparse por los intereses. No asume un costo.

## CUATRO RECOMENDACIONES EFECTIVAS

Para hacer un buen uso de la tarjeta de crédito, tome en cuenta estas recomendaciones:

1. *Lleve su saldo vencido a $0 cada mes* - Evite los cargos por intereses. Limpiar el saldo contribuye a construir un buen historial crediticio. Si no puede pagar el total, intente abonar más del mínimo para bajar el saldo.

2. *Mantenga su utilización de crédito por debajo del 30%* - Controlar el porcentaje usado de su límite de crédito es beneficioso para su puntaje crediticio y demuestra buen manejo. Idealmente, debería mantenerlo por debajo del 30%. Por ejemplo, si su límite es de $1,000, trate de no usar más de $300. Además, a menor saldo, mayor probabilidad de pago.

3. *Establezca recordatorios para los pagos* - No descuide las fechas de pago. Los retrasos pueden afectar tu historial crediticio y resultar en cargos adicionales.

4. *Revise sus estados de cuenta* - Es crucial revisar sus estados de cuenta cada mes para verificar la precisión de los cargos y detectar cualquier error o actividad fraudulenta. Si encuentra un cargo desconocido, comuníquese inmediatamente con su banco.

En el siguiente cuadro conocerá su costo de uso de las tarjetas de crédito. Esta es información reveladora ya que normalmente no sabemos cuánto cuesta el dinero de la tarjeta de crédito. Hágalo con calma y busque la información en los estados de cuenta del banco.

| TARJETAS DE CRÉDITO (TC) | | | CARGO POR FINANCIAMIENTO | | COSTOS DE SEGUROS | | PAGO MÍNIMO | |
|---|---|---|---|---|---|---|---|---|
| $TC_1$ | Banco: | | Total - Último Trimestre: | $ | Total - Último Trimestre: | $ | Total - Último Trimestre: | $ |
| | Saldo: $ | % Interés: % | Promedio Mensual: | $ | Promedio Mensual: | $ | Promedio Mensual: | $ |
| $TC_2$ | Banco: | | Total - Último Trimestre: | $ | Total - Último Trimestre: | $ | Total - Último Trimestre: | $ |
| | Saldo: $ | %Interés: % | Promedio Mensual: | $ | Promedio Mensual: | $ | Promedio Mensual: | $ |
| $TC_3$ | Banco: | | Total - Último Trimestre: | $ | Total - Último Trimestre: | $ | Total - Último Trimestre: | $ |
| | Saldo: $ | % Interés: % | Promedio Mensual: | $ | Promedio Mensual: | $ | Promedio Mensual: | $ |
| $TC_4$ | Banco: | | Total - Último Trimestre: | $ | Total - Último Trimestre: | $ | Total - Último Trimestre: | $ |
| | Saldo: $ | % Interés: % | Promedio Mensual: | $ | Promedio Mensual: | $ | Promedio Mensual: | $ |
| $TC_5$ | Banco: | | Total - Último Trimestre: | $ | Total - Último Trimestre: | $ | Total - Último Trimestre: | $ |
| | Saldo: $ | % Interés: % | Promedio Mensual: | $ | Promedio Mensual: | $ | Promedio Mensual: | $ |

Para conocer su saldo actual, sume todos los saldos al corte del fin de mes en análisis.

**Saldo Total Acumulado** | $\sum TC_1 + TC_2 + TC_3 + TC_4 + TC_5 =$ $

Para conocer su costo mensual promedio, solo debe sumar el valor promedio mensual de los cargos por financiamiento y de los seguros de sus tarjeta.

**Costo Mensual Promedio** |
**Cargo por Financiamiento** = $
+
**Seguros de Vida y Fraude** = $
= **COSTO MENSUAL** $

Ahora ya sabe cuál es su costo de uso de las tarjetas de crédito... de usted depende cambiar esa realidad.

# EVALUACIÓN DE ACTIVOS

Evaluar los activos es crucial para entender nuestra salud financiera. Conocer el valor de propiedades e inversiones permite tomar decisiones informadas. Esta evaluación ayuda a identificar la liquidez y a planificar para cubrir metas de gastos, inversión o provisiones. También podrá gestionar mejor los créditos y las obligaciones.

Facilita decisiones sobre alquilar, vender o liquidar bienes para pagar deudas o financiar proyectos. Esto mejora la capacidad de respuesta ante emergencias financieras y fomenta una gestión proactiva del dinero.

| ACTIVOS LÍQUIDOS | |
|---|---|
| Dinero disponible en efectivo | $ |
| Saldo en cuentas de ahorro | $ |
| Saldo en cuentas corrientes | $ |
| Cuentas por cobrar | $ |
| Cheques por cobrar | $ |
| Fondos mutuos de mercado monetario | $ |
| Certificados de depósito a corto plazo. | $ |
| Bonos del gobierno a corto plazo | $ |
| Acciones de empresas | $ |
| Saldo en tarjetas prepagadas | $ |
| Saldo en tarjetas débito | $ |
| Billeteras digitales (Paypal, etc) | $ |
| **Total de Activos Líquidos:** | $ |

| ACTIVOS NO LÍQUIDOS | |
|---|---|
| Vivienda principal | $ |
| Viviendas y locales de alquiler | $ |
| Terrenos | $ |
| Planes de Pensión | $ |
| Obras de artes, monedas, joyas | $ |
| Inversiones en empresas privadas | $ |
| Depósitos a plazo fijo | $ |
| Autos y motos | $ |
| Botes, jet sky, etc | $ |
| Inversiones en capital privado | $ |
| Equipos industriales y maquinarias | $ |
| Muebles y antiguedades valiosas | $ |
| **Total de Activos No Líquidos:** | $ |

| ACTIVOS INTANGIBLES | |
|---|---|
| Propiedad intelectual: *marcas, derechos, licencias* | $ |
| Licencias comerciales | $ |
| Derechos franquiciatarios | $ |
| Derechos y permisos transferibles | $ |
| **Total de Activos Intangibles:** | $ |

| | |
|---|---|
| **Total de Activos Líquidos:** | $ |
| **Total de Activos No Líquidos:** | $ |
| **Total de Activos Intangibles:** | $ |
| **TOTAL DE ACTIVOS:** | $ |

**NOTA IMPORTANTE:**

- En el caso de activos tangibles como el auto, la vivienda, equipos, obras de arte, antigüedades, etc., registre el valor actual de mercado de esos bienes.
- En el caso de los intangibles como los derechos de autor, licencias y derechos, defina su valor actual. En el archivo de trabajo en Excel hay una guía de valoración que le será útil.
- En el caso de las acciones, fondos mutuos de mercado monetario e inversiones en empresas privadas, valide su valor presente.

# CÁLCULO DEL PATRIMONIO NETO

**Conocer el patrimonio neto es clave para evaluar la salud financiera.** Es la diferencia entre activos y deudas, reflejando la capacidad para cumplir obligaciones. Además, guía estrategias para el crecimiento y la sostenibilidad financiera a largo plazo. La fórmula es:

| | | ACTIVOS | | DEUDAS |
|---|---|---|---|---|
| **PATRIMONIO NETO** | = | $ | − | $ |
| | = | $ | | |

Con esta información puede establecer objetivos financieros, como la compra de una casa, crear un fondo para la vejez o invertir. También facilita el poder identificar y aprovechar oportunidades para mejorar la situación financiera, ya sea aumentando los activos o reduciendo las deudas. Un patrimonio neto positivo indica que los activos superan las deudas, lo que es señal de estabilidad y solidez económica, mientras que un patrimonio neto negativo puede señalar problemas financieros que requieren atención urgente. **La riqueza de una persona se mide por su patrimonio neto y no por la cantidad de dinero ahorrado en el banco.** Conocer el valor de su PATRIMONIO NETO es útil por lo siguiente:

| Pilar | Fundamento | Utilidad |
|---|---|---|
| **Toma de Decisiones Estratégicas** | Saber el valor de su patrimonio contribuye a tomar decisiones informadas alineadas con su meta. | Evaluar oportunidades de inversión o necesidades de crédito apalancado en un criterio de liquidez sostenible. |
| **Planificación Financiera Sostenible** | Entender cómo está compuesto su patrimonio neto es crucial para desarrollar un plan financiero sólido. | Establecer metas para la vejez, educación o inversión apalancadas en su fortaleza financiera. |
| **Gestión Proactiva de Créditos** | Conocer el valor de su patrimonio le permite gestionar sus deudas con una visión a futuro. | Utilizar su valor patrimonial como factor de negociación para mejorar su posición frente a su acreedores. |
| **Preparación para Emergencias** | Tener claridad sobre su patrimonio le da confianza para gestionar imprevistos. | Cubrir gastos inesperados o ejercer alguna opción sin comprometer sus finanzas a largo plazo. |
| **Construcción Continua de Riqueza** | El patrimonio acumulado es la llave de entrada para generar riqueza sostenible. | Invertir en activos para generar ingresos y diversificar las inversiones con mayor confianza. |

# FASE 2

# MIS OBJETIVOS FINANCIEROS

El futuro no es un destino, sino una creación de la cual tú eres el estratega. Cada decisión que tomas moldea tu realidad. Reflexiona sobre tus sueños, tus metas y tus pasiones. ¿Qué te impulsa? ¿Qué te inspira? ¿Qué te hace sentir vivo?

Dedica tiempo a visualizar y planificar el futuro que deseas. ¿Cómo te ves? ¿Qué estás haciendo? ¿Cómo te sientes? Ahora, pregúntate: ¿qué pasos puedo dar hoy para acercarme a ese futuro deseado?

Recuerda que el cambio comienza desde adentro. Cuando cambias tu perspectiva, cambias tu realidad. Así que, reflexiona, visualiza y actúa. El futuro que deseas está a tu alcance.

# MIS OBJETIVOS TRANSFORMADORES

Al inicio de su proceso de coaching identificó tres aspectos de sus finanzas que deseaba mejorar. Ahora es momento de estructurarlos como objetivos financieros viables. Establecer objetivos específicos es clave para gestionar efectivamente sus finanzas personales, ya que proporcionan dirección y motivación.

Estos deben ser realistas, claros y medibles. Esto facilita su cumplimiento rompiendo con los patrones poco efectivos del pasado. Para lograrlo, ejecute las siguientes acciones:

1. **Defina Objetivos Específicos, Medibles y Realistas**

Para que los objetivos brinden dirección y permitan evaluar el progreso, deben cumplir con tres criterios:

*Específicos*: en lugar de decir «quiero ahorrar dinero», defina algo concreto, como «ahorraré $3,000 para un crucero al final del año». Esto proporciona una cantidad y un plazo claro.

*Medibles y ejecutables*: haga un plan de acción «ahorraré $300 mensuales de febrero a noviembre para el viaje». Esto le permitirá evaluar su progreso y ajustar si es necesario.

*Realistas*: evalúe su situación financiera antes de comprometerse. Si puede ahorrar solo $100 al mes, ajuste el plazo a 30 meses para alcanzar los $3,000. Asegúrese de que sus metas se alineen con su realidad financiera. Recuerde que siempre puede abrir espacios para ahorrar más. ¡No se limite tan fácilmente!

Cualquiera sean sus metas —ahorro, inversión o control de gastos— asegúrese de que se cumplan los criterios para aumentar sus posibilidades de éxito.

2. **Priorice los Objetivos Según su Impacto**

Una vez definidos sus objetivos, debe priorizarlos según su importancia. Analice cuál debe cumplir primero para acercarse a la meta. Utilice una matriz de prioridades para clasificarlos en función de su importancia y urgencia. Tenga en cuenta la meta y el tiempo para cumplirla.

| Prioridad | Objetivo | Urgente | Importante | Plazo |
|---|---|---|---|---|
| 1 | Cancelar la suscripción de Disney+ y Max y liberar $20 mensuales para cubrir deudas vencidas. | Sí | Sí | Esta semana |
| 2 | Consolidar los saldos de las tarjetas de crédito en una sola y pagar 20% por encima de la letra pactada para acelerar el pago de la deuda consolidada. | Sí | Sí | Esta semana |
| 3 | Incrementar a $250 mensuales los pagos de la letra del préstamo en Financiera XYZ para cancelar el prestamos en 6 meses. | Sí | Sí | 6 Meses |
| 4 | Ahorrar $500 mensuales para crear un fondo de $6,000 para emergencias en 12 meses. | No | Sí | 15 meses |
| 5 | Ahorrar $150 mensual, iniciando en febrero 2025 hasta noviembre 2026 para el viaje en crucero al final de 2026. | No | No | 2 años |

*Urgente* - Requiere acción inmediata debido a un límite de tiempo próximo o una consecuencia inminente si no se atiende. Ejemplo: pagar un crédito vencido (deuda).

*Importante* - Tiene un impacto significativo en los objetivos a largo plazo, pero no necesariamente puede ser atendido de inmediato dada la existencia de otras prioridades. Ejemplo: ahorrar para el retiro es vital, pero para poder hacerlo, debe liberar liquidez que le permita hacer crecer su fondo.

En el cuadro de ejemplo, vea que se da prioridad a lo inmediato y más impactante para cumplir con las otras metas. En la medida que se vayan limpiando las deudas, se irá generando liquidez para cumplir las otras. Sin embargo, tome en cuenta que siempre va a tener alguna situación urgente que atender y por ende tendrá que evaluar sus prioridades.

**Matriz de Eisenhower**

Esta herramienta de gestión del tiempo fue desarrollada por el ex-presidente de los Estados Unidos, Dwight D. Eisenhower. Se utiliza para ayudar a las personas a priorizar tareas en función de su urgencia e importancia. Es muy útil para enfocar mejor los esfuerzos y cumplir las metas, priorizar tareas, optimizar la gestión del tiempo, reducir el estrés financiero y fomentar un enfoque proactivo hacia la planificación y el logro de objetivos.

**[ SACRIFICARSE NO ES FÁCIL, PERO A VECES ES NECESARIO HACERLO. ]**

La matriz se divide en cuatro cuadrantes:

*CUADRANTE 1 - Urgente e Importante.* Tareas que deben hacerse de inmediato.
*CUADRANTE 2 - Importante pero No Urgente.* Actividades que son significativas pero que pueden ser programadas.
*CUADRANTE 3 - Urgente pero No Importante.* Tareas que requieren atención rápida pero que pueden ser delegadas.
*CUADRANTE 4 - Ni Urgente, Ni Importante.* Actividades sin valor que pueden ser eliminadas.

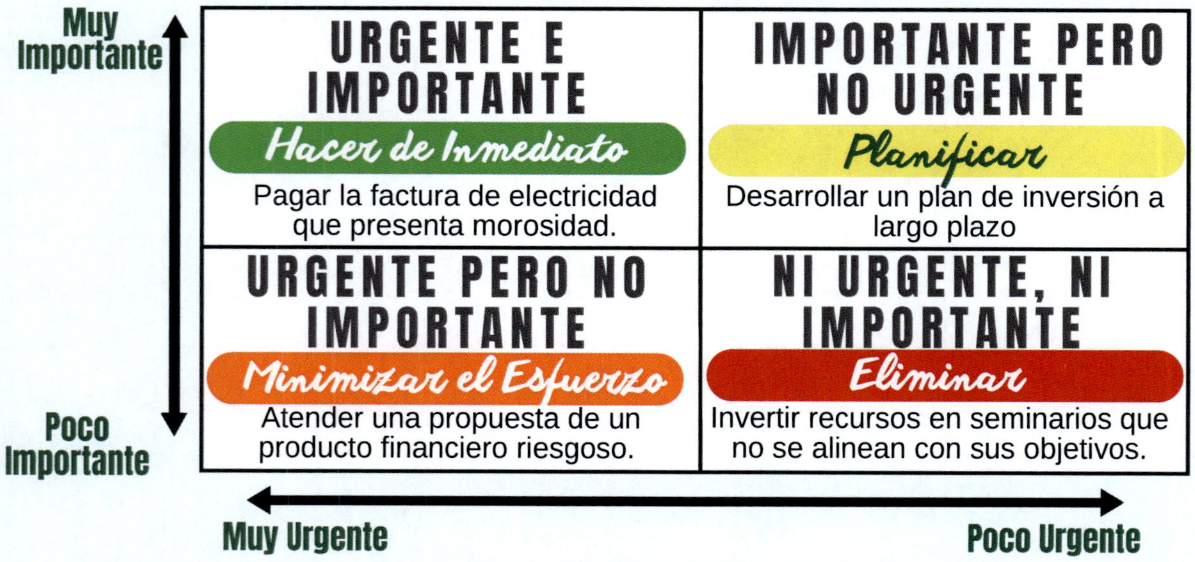


*Sabiduría Financiera - Usa tarjetas de crédito que te den cashback o puntos de premio.*

**Reflexión sobre la Meta Futura**

Antes de avanzar, por favor reflexione sobre su situación actual y cómo podría evolucionar en los próximos 30 años. Para ello, use estas preguntas exploratorias:

1. *¿Cuál es mi situación financiera actual?*
2. *¿Cómo espero que cambien mis ingresos y gastos con el tiempo?*
3. *¿Qué necesidades específicas surgirán en las siguientes etapas de mi vida?*

# ¿CÓMO ESCOGER UNA META FINANCIERA?

El autoconocimiento es clave en esta etapa del proceso. Haga un alto y reflexione sobre todo lo que ha descubierto sobre usted mismo en la Fase 1. En este punto usted SÍ tiene una mejor comprensión de sus finanzas, ya debe entender en qué ha venido fallando o qué ha dejado de hacer en beneficio propio. También entiende la importancia del ahorro como eje transversal para la paz financiera.

A continuación, lo invito a tomar el siguiente micro test que le servirá para esclarecer sus dudas sobre su próxima meta financiera.

### Micro Test de Decisión: Evaluando mis Alternativas Financieras

Instrucciones: responda cada pregunta con sinceridad. Tómese su tiempo para reflexionar sobre sus respuestas y considere cómo se alinean con sus metas y deseos.

1. ¿Cuál o cuáles son sus principales metas financieras en este momento?

a) Ahorrar para un viaje o vacaciones.
b) Comprar una casa o activo
c) Invertir en educación o formación
d) Crear un fondo de emergencia.
e) Crear un fondo para de jubilación
f ) Crear un fondo universitario
g) Otro:___________________________

2. ¿Qué tan cómodo se siente invirtiendo dinero en instrumentos financieros?

a) Muy cómodo, tengo experiencia y confío en mis decisiones de inversión.
b) Algo cómodo, he invertido antes pero me gustaría aprender más.
c) Incómodo, tengo dudas sobre cómo invertir y me preocupa perder dinero.
d) Muy incómodo, nunca he invertido y no sé por dónde empezar.
e) Si el riesgo de pérdida es alto, prefiero no hacerlo.

3. ¿Qué tipo de inversión le podría interesar más?

a) Inversiones de bajo riesgo (como cuentas de ahorro, DPF o bonos).
b) Inversiones moderadas (como fondos mutuos).
c) Inversiones de alto riesgo (como acciones o criptomonedas).
d) No estoy interesado en invertir en este momento..

4. ¿Cómo le gustaría que fuera su vida financiera en cinco años?

a) Libre de deudas y con ahorros significativos.

b) Con inversiones que generen ingresos pasivos.

c) Con un negocio propio que me brinde estabilidad financiera.

d) Con suficiente seguridad financiera para disfrutar de la vida sin preocupaciones.

Si respondió que no desea arriesgar dinero e invertir en instrumentos financieros más agresivos... ¡NO HAY PROBLEMA! No todas las personas tienen tolerancia al riesgo financiero y muchas personas no se sienten cómodas usando su dinero en formas que no le dan garantía. Siempre hay riesgos asociados a los instrumentos financieros. Inclusive, un DPF tiene el riesgo de que si la entidad bancaria es intervenida o cae en insolvencia, parte de su dinero se puede perder.

Este test es importante porque le ayuda a sincerarse con usted mismo. Para crear un fondo de ahorro lo suficientemente robusto, **solo ahorrando no es suficiente**. Tome en cuenta su edad actual y verá que va a necesitar algún tipo de inversión adicional para generar los réditos necesarios para cumplir sus metas. Revise su planificador a 30 años y analice bien su situación. La pregunta que debe hacerse es: ¿Qué puede hacerme cambiar de opinión en torno a asumir el riesgo de invertir? Cuando tenga la respuesta, comience a hacer esa parte de la tarea que ya inició.

## Una Recomendación más que Salomónica

Para alguien que planea jubilarse a los 60 años con una expectativa de vida de 80 años, es recomendable contar con fondos suficientes para cubrir al menos 10 años de gastos, ajustados a la inflación y a la tasa de ingreso proyectada. Esto es crucial, ya que la inflación puede erosionar el poder adquisitivo de los ahorros, y un colchón financiero adecuado es esencial para mantener la calidad de vida durante los primeros años de jubilación, que suelen ser los más activos y los más demandantes dado el proceso de adaptación.

En la matriz del planificador, usted calculó sus posibles gastos por períodos de 5 a 30 años. Tome el valor de gastos (incluyendo salud) más cercano a su proyección al momento de jubilarse y multiplíquelo por 120 meses. Por ejemplo, si su gasto mensual proyectado será $4,000, deberá ahorrar al menos $480,000. Es importante destacar que se considera el gasto en lugar del ingreso, ya que este último será el factor determinante en su calidad de vida futura. Esta recomendación asume que recibirá ingresos mensuales de su pensión, lo que cubrirá gran parte de sus gastos, mientras que el fondo de ahorro servirá como complemento para mantener su estilo de vida.

## Ideas para Planificar de Forma Conservadora

Ahora que ya se conoce mejor, debe considerar su próxima movida. Primero, evalúe qué tanto está dispuesto a asumir riesgos para cumplir sus metas financieras para los próximos años. Como ya hemos dicho, lo más fácil es controlar los gastos, pero lametablemente no es suficiente y debe pensar en la forma de hacer crecer su flujo de dinero.

Yo me auto percibo conservador y prefiero colocar mi dinero en posiciones en las que mi control es mayor. ¡A mí me ha funcionado! A continuación le comparto algunas ideas para que las tome en cuenta al momento de establecer sus metas y acciones.

**Depósitos a Plazo Fijo (DPF)** - Son una opción segura que garantiza el capital invertido, aunque ofrecen rendimientos más bajos que las acciones y los bonos. Generalmente, se pueden abrir con un mínimo de $10,000 en la mayoría de los bancos. Es fundamental educarse sobre el comportamiento de los intereses y monitorear los rendimientos. En entornos de altas tasas de interés, son atractivos para mantener cierta liquidez sin arriesgar el capital. Si tiene poca tolerancia al riesgo, esta opción es recomendable.

**Inversión en Bienes Raíces** - Esta es una opción que requiere fondos tanto para la compra como para el mantenimiento. Es ideal para jóvenes que desean asegurar un capital para su jubilación. Aunque no genere ganancias líquidas inmediatas a través del alquiler, el inmueble puede apreciarse con el tiempo y servir como colateral para futuros proyectos.

**Fondo de Pensiones** - Estos son productos financieros diseñados para ahorrar para la jubilación, invirtiendo en activos de renta fija y variable. Suelen generar rendimientos mensuales superiores a los DPF. Sin embargo, su disponibilidad está regulada por ley y generalmente se puede acceder a los fondos después de 10 años.

**Productos Financieros de Renta Fija** - Estas inversiones, que pueden ser locales o internacionales, requieren un capital inicial mínimo que puede ser de $50,000 o más. Ofrecen rendimientos atractivos con bajo riesgo. Incluyen letras del tesoro, bonos y obligaciones del estado. La mayoría de los bancos tienen carteras de inversión que permiten acceder a estas opciones sin complicaciones y a un costo relativamente bajo.

**Inversión en Bolsa** - Si tiene una mayor tolerancia al riesgo y desea experimentar la emoción de invertir en la bolsa, existen empresas corredoras que permiten iniciar un fondo con un mínimo de $2,000. Es crucial entender que estas inversiones no están protegidas ni garantizan retornos; por eso se mencionan al final ya que requieren un mayor nivel de tolerancia al riesgo. No todos tienen la tolerancia necesaria para este tipo de inversión.

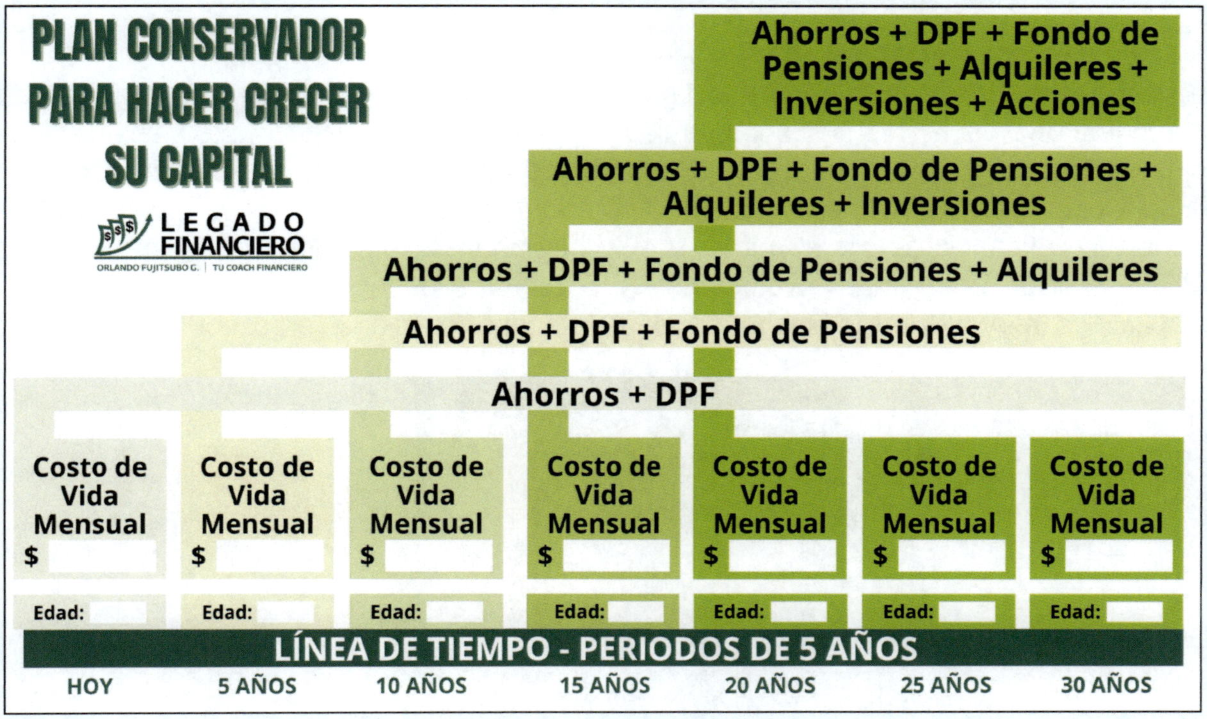

### Defina Metas que Pueda Cumplir y... ¡Comprométase!

Ahora, viene una etapa muy importante en su proceso hacia sus metas financieras. Definir y priorizar sus objetivos financieros estratégicos es clave para comenzar a desarrollar las acciones necesarias para mejorar su posición financiera actual. Para ello debe trabajar en la siguiente tabla disponible en https://orlandofujitusbo.com/biblioeca-de-recursos/. **SEA TAN ESPECÍFICO COMO LE SEA POSIBLE.**

| | | OBJETIVO 1<br>Plazo: Inmediato | OBJETIVO 2<br>Plazo: 3 meses | OBJETIVO 3<br>Plazo: 6 meses | OBJETIVO 4<br>Plazo: 1 año |
|---|---|---|---|---|---|
| 1 | ¿Qué quiero lograr? | | | | |
| 2 | ¿Para cuándo lo quiero lograr? | | | | |
| 3 | ¿Cuándo debo iniciar a trabajarlo? | | | | |
| 4 | ¿Cómo lo voy a lograr? | | | | |
| 5 | ¿Qué necesito cambiar para lograrlo? | | | | |
| 6 | ¿Qué me puede impedir lograrlo? | | | | |
| 7 | ¿Cómo me sentiré al lograrlo? | | | | |

Los objetivos pueden ajustarse según sea necesario. **Ser flexibles es clave.** Al documentar sus respuestas de forma organizada, facilita el seguimiento ya que actúa como un recordatorio visual de sus compromisos. Recuerde que cuando usted establece sus objetivos, directamente se está comprometiendo con usted misma/o en su cumplimiento. Es clave involucrar al resto de la familia en torno a lo que se desea lograr. Es muy difícil lograr los objetivos financieros sin el apoyo y el acompañamiento de los demás miembros del núcleo familiar. Entre más involucrados y comprometidos estén todos con las metas establecidas, mayores serán las probabilidades de tener éxito en el proceso.

# FASE 3

# ACCIONES ESTRATÉGICAS

# Propósito Estratégico

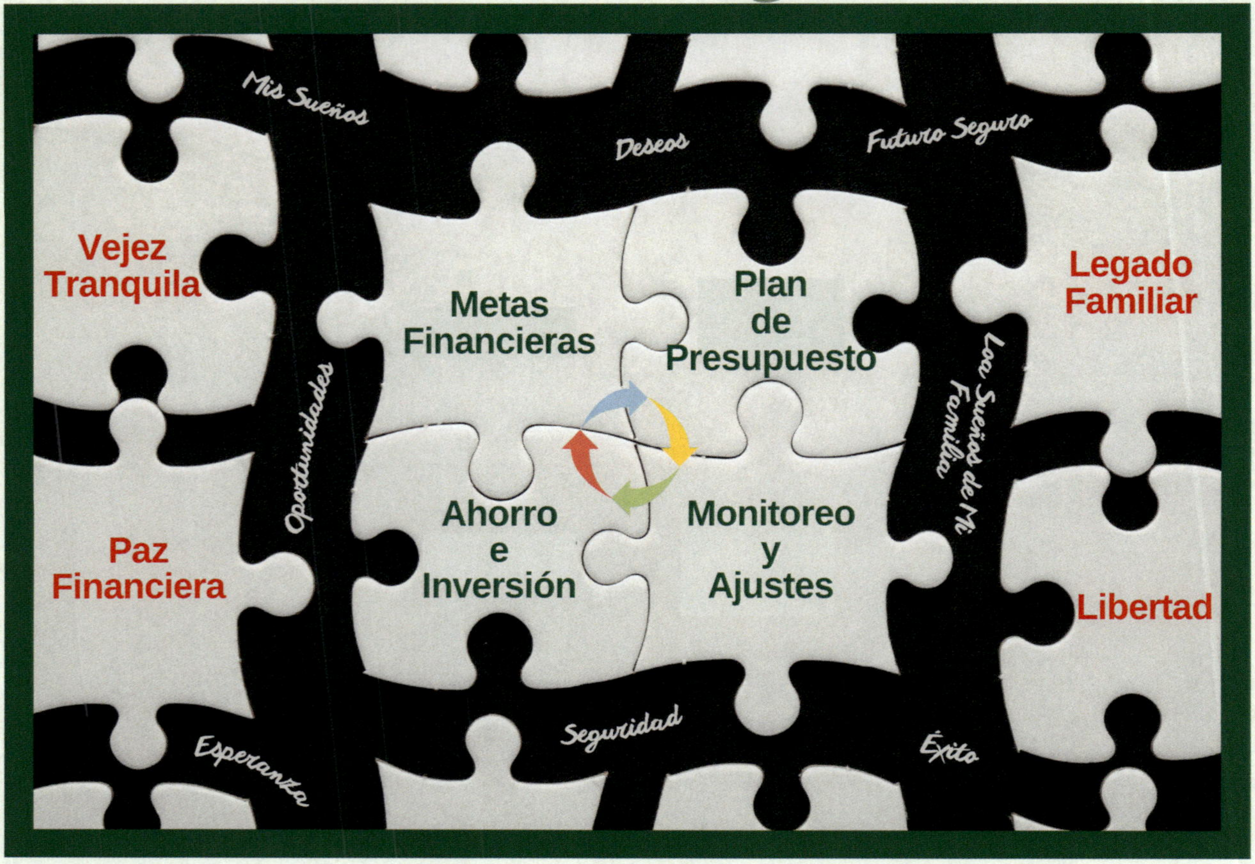


**Cada pieza de tu rompecabezas financiero encaja en un propósito estratégico; al unirlas con visión y determinación, creas la imagen completa de tus sueños y metas.**

# PROCESO ESTRATÉGICO

Para hacer cumplir los objetivos debemos definir las acciones concretas que nos garanticen su cumplimiento. Cada objetivo pude incluir una o varias acciones para su logro y no son excluyentes entre sí, sino que se complementan en el proceso.

Es importante entender, también, que aunque un objetivo tenga fecha de cumplimiento a uno o dos años, eso no quiere decir que no deba comenzar a trabajar en las acciones estratégicas en el corto plazo. Por ejemplo, si el objetivo es pagar el 100% de un préstamo personal en un año, probablemente va a requerir algunos objetivos de corto plazo para abrir espacios de ahorro y al mismo tiempo deba comenzar a ejecutar acciones de pago acelerado para lograr cumplir con la meta. No confunda fecha de cumplimiento con fecha de inicio.

Lo normal es establecer acciones que vayan en varias direcciones complementarias para comenzar a generar impacto. Estas acciones concretas se pueden ver en un proceso simple como el siguiente:

**"Imagine su futuro financiero como un viaje en barco: actuar estratégicamente es identificar las corrientes y ajustar las velas para aprovechar el viento, asegurando que llegue a su destino sin perder el rumbo."**

# LLEVE UN PLAN DE PRESUPUESTO

El presupuesto es una herramienta esencial para mantener las finanzas en orden. En él se establece cuánto dinero debe entrar y salir en un período. Por lo general se hace mensual y se priorizan las necesidades y usos que se le dará al dinero. Su manejo facilita identificar gastos que se pueden cambiar, reducir o eliminar, incrementando la capacidad de ahorrar.

Debemos obligarnos a mantenernos dentro de un plan de gasto anticipado para controlar el endeudamiento y promover el ahorro. Esto exige control, disciplina y compromiso. Uno de sus principales beneficios es que nos puede ayudar a controlar los gastos discrecionales e innecesarios, eliminando la necesidad de recurrir al crédito. El objetivo final es equilibrar mejor la balanza entre ingresos y gastos para cumplir con las metas personales y familiares.

Ahora que ya está encaminado en alcanzar la paz financiera, usted ya está preparado para enfrentar con éxito el reto de implementar un presupuesto de ingresos y gastos y ceñirse siempre a este. Un presupuesto se puede llevar en una hoja de Excel con un formato simple, fácil de usar. Si es de las personas que gustan de la tecnología, también hay aplicaciones, algunas gratuitas, que pueden servir el propósito de llevar un presupuesto de forma efectiva. Algunas de estas aplicaciones para su referencia son:

Buddy – Budget & Save Money · Spendee · Monefy · Wallet by budgetbakers · fintonic

En mi portal https://orlandofujitsubo.com/biblioteca-de-recursos/ le comparto una plantilla para que lleve su plan de presupuesto. Es una herramienta fácil de usar y tiene la ventaja de que puede proyectar y registrar sus gastos mes a mes y consolidar todo en una sola hoja para darle visibilidad anual.

Plan de Presupuesto

## PLAN DE PRESUPUESTO

| | ENE | FEB | MAR | ABR | MAY | JUN | JUL | AGO | SEP | OCT | NOV | DIC | TOTAL ANUAL |
|---|---|---|---|---|---|---|---|---|---|---|---|---|---|
| TOTAL DE INGRESOS | $0.00 | $0.00 | $0.00 | $0.00 | $0.00 | $0.00 | $0.00 | $0.00 | $0.00 | $0.00 | $0.00 | $0.00 | $0.00 |
| COMPROMISOS LEGALES | $0.00 | $0.00 | $0.00 | $0.00 | $0.00 | $0.00 | $0.00 | $0.00 | $0.00 | $0.00 | $0.00 | $0.00 | $0.00 |
| COSTOS FINANCIEROS | $0.00 | $0.00 | $0.00 | $0.00 | $0.00 | $0.00 | $0.00 | $0.00 | $0.00 | $0.00 | $0.00 | $0.00 | $0.00 |
| TOTAL DE AHORROS | $0.00 | $0.00 | $0.00 | $0.00 | $0.00 | $0.00 | $0.00 | $0.00 | $0.00 | $0.00 | $0.00 | $0.00 | $0.00 |
| DISPONIBLE PARA GASTOS | $0.00 | $0.00 | $0.00 | $0.00 | $0.00 | $0.00 | $0.00 | $0.00 | $0.00 | $0.00 | $0.00 | $0.00 | $0.00 |

| GASTOS | ENE | FEB | MAR | ABR | MAY | JUN | JUL | AGO | SEP | OCT | NOV | DIC | TOTAL | % |
|---|---|---|---|---|---|---|---|---|---|---|---|---|---|---|
| Gasto de Vivienda | $0.00 | $0.00 | $0.00 | $0.00 | $0.00 | $0.00 | $0.00 | $0.00 | $0.00 | $0.00 | $0.00 | $0.00 | $0.00 | 0.0% |
| Gasto de Transporte | $0.00 | $0.00 | $0.00 | $0.00 | $0.00 | $0.00 | $0.00 | $0.00 | $0.00 | $0.00 | $0.00 | $0.00 | $0.00 | 0.0% |
| Gasto de Seguros | $0.00 | $0.00 | $0.00 | $0.00 | $0.00 | $0.00 | $0.00 | $0.00 | $0.00 | $0.00 | $0.00 | $0.00 | $0.00 | 0.0% |
| Gasto de Entretenimiento | $0.00 | $0.00 | $0.00 | $0.00 | $0.00 | $0.00 | $0.00 | $0.00 | $0.00 | $0.00 | $0.00 | $0.00 | $0.00 | 0.0% |
| Gasto de Alimentación | $0.00 | $0.00 | $0.00 | $0.00 | $0.00 | $0.00 | $0.00 | $0.00 | $0.00 | $0.00 | $0.00 | $0.00 | $0.00 | 0.0% |
| Gasto de Dependientes | $0.00 | $0.00 | $0.00 | $0.00 | $0.00 | $0.00 | $0.00 | $0.00 | $0.00 | $0.00 | $0.00 | $0.00 | $0.00 | 0.0% |
| Gasto de Cuidado Personal | $0.00 | $0.00 | $0.00 | $0.00 | $0.00 | $0.00 | $0.00 | $0.00 | $0.00 | $0.00 | $0.00 | $0.00 | $0.00 | 0.0% |
| Gasto de Mascotas | $0.00 | $0.00 | $0.00 | $0.00 | $0.00 | $0.00 | $0.00 | $0.00 | $0.00 | $0.00 | $0.00 | $0.00 | $0.00 | 0.0% |
| Gasto de Regalos y Donaciones | $0.00 | $0.00 | $0.00 | $0.00 | $0.00 | $0.00 | $0.00 | $0.00 | $0.00 | $0.00 | $0.00 | $0.00 | $0.00 | 0.0% |
| Otros Gastos | $0.00 | $0.00 | $0.00 | $0.00 | $0.00 | $0.00 | $0.00 | $0.00 | $0.00 | $0.00 | $0.00 | $0.00 | $0.00 | 0.0% |
| GASTOS TOTALES DEL MES | $0.00 | $0.00 | $0.00 | $0.00 | $0.00 | $0.00 | $0.00 | $0.00 | $0.00 | $0.00 | $0.00 | $0.00 | $0.00 | 0.0% |
| RESULTADO DEL MES | $0.00 | $0.00 | $0.00 | $0.00 | $0.00 | $0.00 | $0.00 | $0.00 | $0.00 | $0.00 | $0.00 | $0.00 | $0.00 | |

*Sabiduría Financiera - Nunca prestes dinero sin garantías. Si lo tienes que hacer, mejor regálalo.*

Con todo el auto conocimiento que ahora tiene, comience a implementar su herramienta de presupuesto familiar. No importa si usa una hoja de Excel, si usa la plantilla elaborada que le compartí o si prefiere usar una aplicación. Lo importante es que lo haga.

**No olvide...**

- Compre de forma inteligente, comparando precios y calidad, evaluando costo unitario, rendimiento y durabilidad.
- Defina objetivos específicos, medibles y con plazos, como ahorrar para emergencias, reducir deudas o planificar las vacaciones. Esto le dará un propósito claro para manejar su presupuesto.
- Mantenga sus gastos, siempre, por debajo de sus ingresos y priorice el ahorro.
- Lleve un registro detallado de cada gasto, grandes y pequeños, y mantenga una búsqueda constante de rubros en los que pueda ahorrar más.
- Nutra su fondo para emergencias e imprevistos. Esto es clave para evitar recurrir al crédito en caso de gastos inesperados.
- Revise y actualice su presupuesto con frecuencia para ajustarlo a la realidad y a las circunstancias, sin perder el norte que es lograr la paz y la libertad financiera.
- Tenga siempre presente que la mayoría de los gastos no son fijos si sabemos identificar las opciones que tenemos y si aprendemos a gastar solo en aquellos rubros que realmente aportan a nuestro bienestar sin ir en contra de nuestro plan.

## ABRA ESPACIOS PARA GENERAR AHORROS

Esta es una etapa clave del proceso. Implica tomar sacrificios, cambiar paradigmas, generar cambios adaptativos y desarrollar su nivel de *SCD*. Sin lugar a dudas, es la tarea más importante de todo el proceso ya que tiene un impacto directo a corto y largo plazo.

En esta etapa se debe tomar acción en tres áreas:

# ACCIONES PARA REDUCIR GASTOS

La forma más efectiva de mejorar el flujo de efectivo es mediante el control de gastos. **Siempre es posible vivir por debajo de las posibilidades económicas.** Es fundamental tomar conciencia de dos aspectos clave:

- ¿En qué estamos gastando los ingresos?
- ¿Cómo cuidamos y utilizamos lo que compramos?

Estos elementos son esenciales para desarrollar un sentido común sobre el dinero. Para mejorar su relación con el dinero, es vital que identifique claramente sus respuestas a estas preguntas. Revise el capítulo 6, titulado PROSPERIDAD FINANCIERA: 25 HÁBITOS EFECTIVOS +1, del libro *LIDERA tu Legado Financiero Familiar.* Aquí comprenderá mejor cómo usted y su familia se relacionan con el dinero y podrá comenzar a tomar medidas. Un factor clave en este proceso es aprender a valorar el dinero. Puede hacer que un dólar rinda más si desarrolla discernimiento y toma decisiones acertadas sobre sus gastos y el uso que le da a lo que compra. Es interesante conocer personas que saben hacer que el salario les alcance bien mientras que hay otras que sin importar cuánto reciban nunca les alcanza. Ahora, trabaje en los cuadros que siguen.

**CUADRO 1 - REVISIÓN DE GASTOS FIJOS**

Identifique cinco (5) gastos fijos que considere que posee la capacidad de reducirlos. Como ya sabe, algunos gastos fijos son más fáciles de ajustar que otros. Debe detallar en la columna "ACCIÓN PROPUESTA" lo que propone hacer para reducirlo. Sea concreto, claro y específico. No haga el ejercicio a la ligera. Tómese el tiempo de analizar cada gasto e identifique todas sus posibles alternativas de acción.

Tome en cuenta sus opciones de proveedores, alternativas de servicios contratados, condiciones actuales del mercado, la necesidad real que sustenta el gasto, valoración de satisfacción con el servicio contratado, etc. Entre mejor entienda cada gasto, su origen, su costo y sus opciones, mejores decisiones podrá tomar.

| GASTO FIJO | MONTO MENSUAL ACTUAL | ACCIÓN PROPUESTA | FECHA DE CUMPLIMIENTO | | MONTO MENSUAL -META- |
|---|---|---|---|---|---|
| Identifique el rubro de gasto que desea mejorar. | | Establezca el ¿QUÉ? y el ¿CÓMO? reducirá este gasto. Recuerde ser específico. | MES | AÑO | |
| | $ | | | | $ |
| | $ | | | | $ |
| | $ | | | | $ |
| | $ | | | | $ |
| | $ | | | | $ |

Posteriormente, cuando ya haya tenido éxito en el proceso inicial, identifique otros gastos fijos que sean modificables y proceda de igual forma.

## CUADRO 2 - REVISIÓN DE GASTOS VARIABLES

Para validar los gastos variables, es vital evaluar el nivel de gasto y el comportamiento de uso de lo que compramos. Por ejemplo, si compra una docena de huevos para la semana y consume tres huevos diarios, necesitará comprar otra docena antes de que termine la semana. A menos que hayas presupuestado para dos docenas, su gasto en este rubro aumentará. **Usar con inteligencia lo que compramos es lo que le da valor al dinero.**

Identifique los rubros donde puede mejorar su conducta de compra y consumo. Seleccione cinco (5) rubros de gasto variable para trabajar inicialmente y realice ajustes para comenzar a experimentar la satisfacción de reducir gastos y hacer que el dinero alcance.

| GASTO VARIABLE<br>Identifique el rubro de gasto que desea mejorar. | MONTO MENSUAL ACTUAL | ACCIÓN PROPUESTA<br>Establezca el ¿QUÉ? y el ¿CÓMO? reducirá este gasto. Recuerde ser específico. | FECHA DE CUMPLIMIENTO | | MONTO MENSUAL -META- |
|---|---|---|---|---|---|
| | | | MES | AÑO | |
| | $ | | | | $ |
| | $ | | | | $ |
| | $ | | | | $ |
| | $ | | | | $ |
| | $ | | | | $ |

## GASTOS INCIDENTALES Y DISCRECIONALES

Los gastos incidentales corresponden a gastos que pueden ocurrir ante un evento no planificado como la reparación del auto, el remplazo de algún dispositivo en el hogar o una enfermedad. Realmente no es mucho lo que puede hacer en estos casos, excepto estar preparado. Para ello, le comparto algunos consejos prácticos para cuando estos gastos se presentan. En la parte derecha hay dos opciones para que marque si estas sugerencias ya las tiene en práctica. La idea es prepararse con un plan de acción efectivo.

| | | |
|---|---|---|
| Establezca y provisione una cuenta destinada para gastos imprevistos. Esto evitará que use sus ahorros para cubrir estos gastos y así tendrá un mayor control. Esto es crear un fondo de ahorro para contingencias. | LO HAGO | LO HARÉ |
| Identifique los artículos del hogar que requieren mantenimiento regular para extender su vida útil. En el presupuesto, asigne un fondo de mantenimiento, reparación y remplazo. Tome en cuenta que la vida útil de la mayoría de los aparatos que usa en el hogar es de 4 a 8 años. | LO HAGO | LO HARÉ |
| Mantenga pólizas de seguro adecuadas (hogar, auto, salud). Esto puede mitigar el impacto financiero de imprevistos como daños en la propiedad, accidentes y enfermedades. Valide en el mercado las pólizas que se ofrecen que mejor cubran sus necesidades. | LO HAGO | LO HARÉ |
| Aprenda a negociar y a buscar opciones que le den la mejor relación precio - beneficio. Aprenda a pedir descuentos en los productos que compra y en los servicios que contrata. Esto le ayudará a ahorrar dinero a largo plazo. También debe aprender a exigir cuando paga por algo. | LO HAGO | LO HARÉ |

En cuanto a los gastos de índole discrecional, estos dependen de sus propias normas, paradigmas y conductas de compra y consumo. La auto percepción, presión social y la auto regulación juegan un rol clave en la forma como usted gasta sus ingresos.

**APRENDER A DECIR NO ES CLAVE PARA EVITAR LOS GASTOS DISCRECIONALES.**

Aprendizaje Valioso

En el Capítulo 5 del libro *LIDERA tu Legado Financiero Familiar,* titulado 12 APRENDIZAJES INDISPENSABLES, le comparto varios aspectos que son determinantes para que comience a trabajar en mejorar su conducta en torno a los gastos discrecionales. En la mediada que tome conciencia y comience a apalancar su toma de decisión en factores clave como los mencionados en ese capítulo, usted estará mejorando notablemente su posición financiera.

Desarrolle una discrecionalidad positiva en función de darle valor a su dinero. Sólo usted puede cambiar esto. Deje de escuchar las voces externas que lo conducen a gastos innecesarios y comience a escuchar su voz interior que clama por solvencia financiera. Aquí tiene unos consejos prácticos que le ayudarán a cambiar su esquema mental de gasto:

**Conózcase mejor usted mismo** — Reflexione sobre sus patrones de gasto y lo que realmente motiva sus compras. Pregúntese: "¿compro por necesidad o por emoción?" Reconocer las emociones detrás de sus decisiones le ayudará a evitar gastos impulsivos basados en antojos momentáneos.

**Establezca metas propias muy claras** — Tener metas claras le proporcionará un sentido de propósito que puede contrarrestar el impulso de gastar en cosas innecesarias. Cuando sienta la tentación de un gasto discrecional, recuerde cómo ese gasto puede afectar sus metas y cómo eso le hará sentir.

**Acepte que ya tiene suficiente** — Cultive una mentalidad de gratitud enfocándose en lo que ya tiene en lugar de lo que desea. Aprenda a aceptar que ya tiene suficiente y que no necesita más para ser feliz. Enfóquese en valorar lo que ha logrado en la vida y no deje que la envidia y la ambición decidan por usted.

**Rodéese de influencias positivas** — Evalúe su entorno social y las influencias que le rodean. Identifique a las personas que están influyendo negativamente en sus decisiones de compra y consumo. Aprenda las buenas conductas financieras de personas que valoren la frugalidad y el ahorro.

# ACCIONES PARA REDUCIR LOS CRÉDITOS

Ahora que ha identificado su situación crediticia y comprende cuánto debe y el costo de esa deuda, es crucial tomar acción para reducirla. Disminuir el endeudamiento es tan importante como reducir gastos y mejorar su relación con el dinero. Este proceso es multidimensional, ya que implica cambios en la forma de pensar, consumir, auto percibirse y en la dependencia social, además de ajustes personales y familiares.

Reducir la dependencia del crédito puede ser más fácil de lo que parece. La acumulación de deuda a menudo se debe a la falta de educación financiera desde la infancia. Por ello, es recomendable comenzar a impartir inteligencia financiera a sus hijos y familiares.

Aprendizaje Valioso

En la página 63 del libro *LIDERA tu Legado Financiero Familiar* se explica el peligro de entrar en la rueda del hámster. Igualmente, en la segunda sección del libro, desde la página 175 en adelante, encontrará una guía completa para educar financieramente a niños y adolescente en el hogar.

Para lograr la meta se pueden usar dos métodos:

- **Método de la Bola de Nieve**
- **Método de Avalancha**

Ambos métodos son válidos. Su elección dependerá de sus preferencias y motivaciones. Algunas personas optan por comenzar con el método de la bola de nieve para obtener motivación inicial y luego cambian al de avalancha para maximizar el ahorro en intereses. El autoconocimiento es clave ya que el método escogido debe serle atractivo y motivador.

**Método de la Bola de Nieve**

Este método implica pagar los créditos, iniciando por el más pequeño, sin importar la tasa de interés que tenga. La idea es que al liquidar la deuda más pequeña, se genera un sentido de logro y motivación para continuar con el proceso. Así se crea un factor psicológico de satisfacción y logro que lo impulsará a buscar otros logros. El proceso es el siguiente:

1. Identifique y ordene de menor a mayor todos sus compromisos crediticios. Comience a acelerar el pago del crédito de menor cuantía, sin importar el monto de la tasa de interés.
2. Realice los pagos mínimos en cada uno de los créditos que tenga, excepto en el caso del crédito menor identificado. A este, usted destinará una mayor cantidad de dinero para acelerar el pago y economizar en intereses.
3. Cuando haya terminado de pagarlo, el ingreso liberado debe asignarlo al pago de otro crédito y repetir el proceso. No olvide que la idea es limpiar la mayor cantidad de crédito.

A medida que se liquidan las deudas, el monto destinado a las siguientes aumenta, creando un efecto acumulativo similar a una bola de nieve que crece en tamaño y velocidad.

| Ventajas | Desventajas |
|---|---|
| • Genera motivación al ver resultados rápidos.<br>• Facilita la gestión de deudas al reducir el número de cuentas por pagar. | • No optimiza el pago de intereses lo que sigue generando costos altos.<br>• Progreso más lento en las deudas más costosas |

**Método de Avalancha**

Este método se enfoca en pagar primero los créditos más caros (intereses altos), dinero más caro. Recuerde que entre mayor es el costo del dinero, menos disponibilidad de dinero tendrá para ahorrar y cubrir otros gastos. El proceso es el siguiente:

1. Haga una lista de todos los créditos que está pagando y ordénelos de acuerdo al monto de la tasa bancaria de mayor a menor.
2. Realice los pagos mínimos en cada uno de los créditos que tenga, excepto en el caso del crédito con la mayor tasa de interés. A este, usted destinará una mayor cantidad de dinero para acelerar el pago y economizar en intereses causados.
3. Cuando haya terminado de pagarlo, el ingreso liberado debe asignarlo al pago de otro crédito. ¡Repita el proceso! La idea es limpiar la mayor cantidad de crédito.

A medida que se liquidan los créditos, el monto destinado a los otros compromisos crediticios deben ser aumentados para acelerar su cancelación.

**Ventajas**

- Ahorra dinero en intereses a largo plazo.
- Reduce el tiempo total para saldar los créditos.

**Desventajas**

- Es menos motivador, ya que estos créditos tardan más en liquidarse.
- Afecta el flujo de efectivo porque estas letras suelen ser altas.

En la sección de recursos de la página https://orlandofujitsubo.com le comparto un simulador para calcular el tiempo que toma pagar un crédito si aumenta sus pagos. Lo importante es que usted evalúe cómo se impacta el tiempo de pago de un crédito si hace abonos adicionales. Cada mes que reduzca impacta positivamente su flujo de efectivo.

| | TIPO DE CRÉDITO | SALDO | LETRA MENSUAL | TASA DE INTERÉS | MESES POR PAGAR | NUEVA LETRA | NUEVO TIEMPO DE PAGO |
|---|---|---|---|---|---|---|---|
| $Cr_1$ | | $ | $ | % | | $ | |
| $Cr_2$ | | $ | $ | % | | $ | |
| $Cr_3$ | | $ | $ | % | | $ | |
| $Cr_4$ | | $ | $ | % | | $ | |
| $Cr_5$ | | $ | $ | % | | $ | |

**¡NO COMETA EL ERROR DE NO PAGAR UN COMPROMISO POR ACELERAR EL PAGO DE OTRO!**

# PLAN DE AHORRO

Para lograr paz financiera, un eje transversal clave es desarrollar la capacidad de generar más ahorro. No importa la verdadera razón que lo motive —darse sus gustos, crear un fondo para emergencias o invertir—, lo crucial es que priorice el ahorro entre los diversos usos que le dará al dinero. Observe que durante el proceso usted ha identificado áreas de mejora que son las que van a liberar los dineros que usted ahorrará. Resumiendo el proceso:

- Revisará y replanteará algunos costos fijos y variables.
- Disminuirá los gastos discrecionales.
- Trabajará con un presupuesto.
- Minimizará los créditos, eliminará algunos y acelerará los pagos del resto.
- Mejorará sus conductas de uso y consumo de los productos que compra.

Si usted tiene dificultad para separar el dinero y ahorrarlo, es conveniente que evalúe un mecanismo de depósito automático. De esta forma, el dinero se irá directamente al ahorro sin que hayan segundas opciones o consideraciones. Desarrolle su fuerza de voluntad.

Aprendizaje Valioso

En el Capítulo 3 del libro *LIDERA tu Legado Financiero Familiar* se aborda el tema de las necesidades, gastos y ahorro en el presupuesto. En la medida que comience a ver crecer sus ahorros, también comenzará a experimentar la sensación de querer mantenerlo, no mal gastarlo para seguir viéndolo crecer. Para ayudarle a decidir cuánto dinero comenzar a ahorrar, en este enlace le comparto una calculadora de ahorro que le permite visualizar cómo un ahorro mensual de $160 puede crecer hasta $14K, sin riesgos.

Calculador de Ahorro

## Modelos de Ahorro

| MODELO DE AHORRO | Ingresos mayores a $5K | Ingresos mayores a $3K | Ingresos mayores a $1K | Objetivo |
|---|---|---|---|---|
| Porcentaje del Ingreso | 50% = GF+GV | 65% = GF+GV | 75% = GF+GV | Ahorro estructurado, enfoque en equilibrio entre lo diversos tipos de gastos y el ahorro. |
| | 30% = GI+GD | 25% = GI+GD | 20% = GI+GD | |
| | 20% = Ahorro | 10% = Ahorro | 5% = Ahorro | |
| Ahorro Progresivo | Inicie con 20% e incremente poco a poco. | Inicie con 10% e incremente poco a poco. | Inicie con 2% e incremente poco a poco. | Crear el hábito de ahorrar y aumentar a medida que libera liquidez. |
| Ahorro Diario y Microahorro | Ahorre pequeñas cantidades (billetes pequeños, monedas, etc.) diariamente. | Ahorre pequeñas cantidades (billetes pequeños, monedas, etc.) diariamente. | Ahorre pequeñas cantidades (billetes pequeños, monedas, etc.) diariamente. | Crear el hábito de ahorrar en pequeñas cantidades sin que lo note. |
| Ahorro por Ingreso Extra | Ahorre el 100% de los ingresos extras. | Ahorre el 50% de los ingresos extras. | Ahorre todo ingreso inesperado. | Acumular ahorro de ingresos que no afectan el presupuesto de gasto. |

## El Reto de 24 Meses

Esta estrategia consiste en ahorrar mes a mes una suma de dinero en un esquema de 24 meses. Es un proceso simple que usted puede ajustarlo de acuerdo a sus propias posibilidades. El objetivo es generar un **ahorro incremental** en los primeros 12 meses. Durante este primer periodo usted hará ajustes en su situación financiera, disminuyendo gastos, pagando créditos y cambiando conductas de gasto y consumo. Esas acciones comenzarán a liberar flujo de fondos que serán asignados al plan de ahorro.

Pasados los primeros 12 meses, usted ya habrá adquirido cierto nivel de inteligencia financiera y de compromiso con usted mismo. Por ende, la cantidad que usted haya ahorrado en el mes 12 se convierte en su nuevo umbral de ahorro para todo el siguiente año. En mi portal web https://orlandofujitsubo.com/biblioteca-de-recursos/ puede acceder al archivo de trabajo para que juegue con él y pueda tomar una mejor decisión.

Reto 24 Meses

Algunas ventajas del reto son:

- No genera presión financiera porque se comienza con pequeñas cantidades y se aumentan gradualmente al ritmo de su propio progreso financiero.
- Es flexible y se puede adaptar al estilo de vida y presupuesto de cada persona.
- Se puede usar para construir un fondo de emergencia, ahorrar para un objetivo específico o mejorar los hábitos de ahorro a largo plazo.
- Para hacer el desafío más fácil de lograr, se pueden configurar transferencias automáticas cada mes.

## Comience a Forjar su Hábito de Ahorrar

Defina su plan de ahorro e incorpórelo a su presupuesto. No importa si puede ahorrar mucho o poco, lo importante es ahorrar. Alguna tácticas para ahorrar que sí funcionan son:

- Todos los días, vacíe sus bolsillos en una alcancía y al final de la semana deposite ese dinero en el banco. No acumule mucho dinero sin depositarlo. ¡La alcancía no le pagará intereses!
- Tome el gasto total del día y redondee esa cantidad hasta la próxima decena más próxima y ahorre esa diferencia. Por ejemplo, si usted gastó $43.55 en el día, complete la diferencia hasta $50.00 y ahorre esos $6.45. El día que no gasta, no ahorra. Esto crea un hábito.
- Defina un monto de ahorro fijo semanal o quincenal y cúmplalo. No lo deje pasar y si tiene una emergencia, impóngase una cuenta por pagar.
- Si le cuesta tomar acción e ir al banco o hacer transferencias en su banca en línea, busque un ahorro que le haga un descuento directo de su salario o de su cuenta. Así no tendrá excusas.
- Esté al tanto de las opciones en cuentas de ahorro que tienen los bancos y use productos de alta rentabilidad. Entre mayor retorno tenga sobre sus ahorro, mayor será su motivación.

Algo que funciona bien para incentivar el ahorro es proponernos metas claras que nos permitan mantenernos motivados y comprometidos. Identifique los objetivos de su ahorro tomando en cuenta que debe tener un fondo de ahorro para emergencias y otro de sueños y deseos. En esta etapa, no se preocupe tanto por el ahorro para inversión. Cuando usted ya tenga la disciplina del ahorro y haya re-definido sus gastos, entonces será momento de ir creando un fondo para inversión.

**FONDO DE AHORRO PARA EMERGENCIAS** ≡ (Equivale) **6 VECES EL INGRESO NETO MENSUAL**

Se estima que para tener tranquilidad financiera, una persona debe acumular el equivalente a seis salarios mensuales. En caso de pérdida de empleo o de alguna situación inesperada, esto le servirá para hacerle frente a sus obligaciones con pocas alteraciones al presupuesto.

**FONDO DE AHORRO PARA SUEÑOS Y DESEOS** = **DEFINA METAS CONCRETAS TANTO EN DINERO COMO EN PROPÓSITOS**

El ahorro para sueños y deseos debe ir aparte del fondo de emergencias y queda relegado a un segundo plano. Primero va el ahorro para emergencias y luego los otros ahorros. Una vez haya alcanzado la meta del ahorro para emergencias, puede iniciar un plan de ahorro para inversión o puede seguir incrementando su ahorro para emergencias.

**META DE AHORRO PARA EL 20____:**

**$______________**

**AHORRO MENSUAL PARA LOGRAR CUMPLIR LA META:**

**$____________/mes**

# EVALÚE OPCIONES DE INGRESO PASIVO

Una tarea que debemos imponernos es comenzar a generar ingresos pasivos a largo plazo. Debemos pensar en generar ingresos pasivos y no en ingresos adicionales. Nuestra mente asocia ganar dinero con trabajar y no con hacer que el dinero trabaje por nosotros.

Una recomendación clave es que desarrolle su capacidad de generar ingresos pasivos. No solo se trata de disminuir el dinero que sale sino que también debe preocuparse por el dinero que entra y cómo usa ese dinero. Para ello debe evaluar opciones para generar ingresos pasivos. Le comparto varias actividades que puede realizar:

**Alquiler de Propiedades** - Comprar una propiedad para alquilarla puede generar un flujo constante de ingresos mensuales y la posibilidad de valorización a largo plazo.

**Vehículo en Plataformas de Transporte** - Plataformas como UBER, Cabify y Lyft son una alternativa interesante para poner un vehículo propio a producir ingresos.

**Creación y Venta de Cursos en Línea** - Si tiene experticia en un área específica, puede crear un curso en línea y venderlo. Una vez que el curso esté desarrollado y disponible, puede seguir generando ingresos con cada inscripción sin mucho esfuerzo adicional.

**Ofrezca Alquiler en AirBnB** - Si vive en una zona céntrica y tiene espacio disponible, evalúe ofrecer hospedaje en la plataformas tipo AirBnB.

**Escribir y Vender Libros Electrónicos** - Publicar un libro electrónico sobre un tema que domine puede convertirse en una fuente de ingresos pasivos. Una vez publicado, el libro puede venderse repetidamente sin necesidad de intervención continua.

**Creación de Contenido Digital** - Monetizar un blog o canal de YouTube a través de publicidad o marketing de afiliados puede generar ingresos pasivos. Después del esfuerzo inicial para crear contenido, los ingresos pueden continuar fluyendo con el tiempo.

**Cuentas de Ahorro de Alto Rendimiento** - Use cuentas de ahorro que ofrezcan tasas de interés competitivas puede generar ingresos pasivos a través de los intereses ganados.

Estas son algunas opciones que usted tiene. Obviamente, a veces la falta de confianza nos frena. Esta es una de las razones por la que la educación en general es tan importante. Piense es todas las alternativas que tiene a mano y comprométase con una, la que menos le cueste, y comience a saborear el placer de ver el dinero llegar sin mucho esfuerzo.

# PLAN DE INVERSIÓN

El tema de la inversión lo hemos dejado para el final por una razón muy simple. No todas las personas tienen ni el conocimiento, ni la madurez, ni la tolerancia para invertir. Ya sea que invierta en un emprendimiento, en una empresa, en fondos de inversión o en acciones; en todos hay riesgos que asumir y en todos hay que tener resistencia y tolerancia. No hay una forma 100% segura de invertir sin riesgo. ¡Sí le ofrecen algo así, puede ser una estafa!

Tomando esto en cuenta, le comparto algunas opciones viables que puede tomar en cuenta para ir creando un portafolio de inversión. Estas ya las vimos en la FASE 2 (objetivos) y ahora es momento de verlas como parte del plan para cumplir la meta.

## AHORROS DISPONIBLES... ¿ESTOY LISTO PARA INVERTIR?

**MENOS DE $30K** | **ENTRE $30K Y $150K** | **MÁS DE $150K**

Si su fondo de ahorros es de menos de $30K, aún no es momento de pensar en invertir. Siga trabajando en su plan para crear ahorros. No se desanime y comience a ver esta opción como un sueño posible para mejorar su situación económica. En este sistema de semáforo, para comenzar a invertir usted debe estar en la luz amarilla.

Vaya a mi portal https://orlandofujitsubo.com/biblioteca-de-recursos/, revise los planes de ahorro y redoble esfuerzos si desea invertir de forma más activa. Al ser conservador, NO le puedo sugerir que invierta con riesgo; pero sí que evalúe opciones un poco más exigentes en términos de compromiso.

Planes de Ahorro

### Algunas Tácticas para Multiplicar los Ahorros

**Depósitos a Plazo Fijo (DPF)** - Son una opción segura que garantiza el capital invertido, aunque ofrecen rendimientos más bajos que las acciones. Generalmente, se pueden abrir con un mínimo de $10,000 en la mayoría de los bancos.

> **Acción Táctica** - Investigar el mercado bancario y abrir un plazo fijo a la mejor tasa disponible en un periodo de 6 meses. No excederse en el tiempo es clave en caso de que requiera disponer de parte de esos dineros. Solo cuando se cuenta con suficiente liquidez se puede extender los plazos si se siento cómodo haciéndolo.

**Fondo de Jubilación** - Si es menor de 50 años, es muy recomendable que abra un fondo de jubilación en alguna empresa administradora reconocida en el mercado. Estos fondos garantizan retornos sobre los ahorros muy superior a los intereses bancarios. Además, entre más temprano lo haga, podrá llegar más joven al tiempo mínimo para disponer de esos dineros y comenzar a usarlo para otras acciones que contribuyan a su meta, si así lo desea. Investigue también si en la empresa donde labora existe algún plan de contribución al fondo de jubilación privada. En muchas empresas existe este beneficio contributivo en el que la empresa pone un porcentaje adicional al aporte del empleado. ¡No pierda este beneficio!

> **Acción Táctica** - Abrir un fondo basado en una proyección entre 20 a 40 años dependiendo de su edad. Es recomendable que los aportes los haga por descuento directo de sus ingresos o de sus ahorros. De esta forma no tendrá la tentación de usar esos dineros para algo más. Por ejemplo, si usted inicia un fondo hoy con $50 mensual, recurrente, al final de 20 años tendría $18,120.61 a un interés promedio efectivo de 4%.

### Tácticas de Inversión Moderada

Si sus ahorros superan el umbral de los $30K, usted está en una mejor posición para comenzar a tomar acciones más demandantes de liquidez. Son muchas opciones que puede considerar. Sin embargo, siempre veo este aspecto con criterios más conservadores. Ciertamente, generar estos niveles de ahorro representa una tarea de años y pensar en arriesgarlo todo sin garantías no es algo muy deseable para la mayoría de las personas.

**Depósitos a Plazo Fijo (DPF)** - Ahora ya tiene mayor flexibilidad para negociar términos más largos y de mayor cuantía.

**Fondo de Ahorro de Alto Rendimiento -** Ofrecen un equilibrio entre rentabilidad y acceso a sus fondos. Dependiendo del banco, en algunos puede retirar su dinero en cualquier momento sin penalizaciones y en otros se amarran a un plazo definido. Manejan tasas de interés por encima de una cuenta de ahorros normal, pero inferior a la de un DPF. Es recomendable tener un balance entre diversos tipos de cuentas con diversos rendimientos. Además, este tipo de fondos gozan del beneficio fiscal al final del año.

**Alquiler de Propiedad** - Comprar una propiedad para alquilarla puede generar un flujo constante de ingresos mensuales. Este tipo de inversión puede verse afectada por la adquisición de una deuda. Debe evaluar bien el mercado para garantizar que el alquiler potencial del bien supere el costo de la hipoteca y del mantenimiento. Tiene la ventaja de que puede valorarse en el tiempo y cuando se haya pagando, se convierte en un activo con potencial de ser un colateral para transacciones financieras futuras. Si va a comprar una propiedad para alquilarla, debe asegurarse de que el alquiler mensual permita un retorno de la inversión entre 12 y 15 años considerando los gastos de mantenimiento.

**Vehículo en Plataformas de Transporte** - Plataformas como UBER, Cabify y Lyft son una alternativa interesante para poner un vehículo propio a producir ingresos. No le recomiendo comprar un auto nuevo con una hipoteca para ofrecer este tipo de servicio. La depreciación es muy alta y rápida y eso pone en riesgo la recuperación. La mejor forma de hacerlo es adquiriendo un préstamo prendario sobre su propio dinero, pagando solo un interés de 2% o 3%. Eso facilita la recuperación en tiempo mucho más corto, garantizando rentabilidad.

## Tácticas de Inversión Menos Moderada

Si usted ya tiene un fondo de ahorro para inversión, lo mejor es que se asesore con expertos en inversiones para evaluar alternativas. En mi caso, he encontrado que la mejor forma para invertir y a un costo transaccional bajo es a través de las casas de inversión en bancos y a través de los planes de fondos de pensión. Si usted no es un experto en inversiones, es mejor ponerse en manos de corredores idóneos.

Yo no soy ni agente de valores ni corredor de bolsa, por lo que no puedo sugerir ningún tipo de inversión de este tipo. Solo puedo compartirle lo que a mi me funciona. La decisión es suya. Le comparto lo que a mi me ha servido considerando mi tolerancia al riesgo:

**Productos Financieros de Renta Fija** - Estas inversiones, que pueden ser locales o internacionales, requieren un capital inicial mínimo de $50,000 o más. Ofrecen rendimientos atractivos con bajo riesgo. Incluyen letras del tesoro, bonos y obligaciones del estado. La mayoría de los bancos tienen carteras de inversión que permiten acceder a estas opciones sin complicaciones y a un costo relativamente bajo. Este tipo de inversión son de más largo plazo si se desea ver el retorno.

**Inversión en Bolsa** - Si tiene una mayor tolerancia al riesgo y desea experimentar la emoción de invertir en la bolsa, existen empresas corredoras que permiten iniciar un fondo con un mínimo de $2,000. Es crucial entender que estas inversiones no están protegidas ni garantizan retornos; por eso se mencionan al final ya que requieren un mayor nivel de tolerancia al riesgo. No todos tienen la tolerancia necesaria para este tipo de inversión.

**MI META No. 4**

¿QUÉ? ____________________

¿CUÁNDO? ____________________

**MI META No. 3**

¿QUÉ? ____________________

¿CUÁNDO? ____________________

**MI META No. 1**

¿QUÉ? ____________________

¿CUÁNDO? ____________________

**MI META No. 2**

¿QUÉ? ____________________

¿CUÁNDO? ____________________

LEGADO FINANCIERO

ORLANDO FUJITSUBO G. | TU COACH FINANCIERO

# TU DINERO TUS FINANZAS TUS SUEÑOS

**Haz de tu dinero un aliado y alcanza la paz financiera que mereces.**

- Disminuye tus deudas
- Haz crecer tus ahorros
- Aprende a presupuestar

**¿PREPARADO PARA DAR EL PRIMER PASO HACIA LA LIBERTAD FINANCIERA Y ALCANZAR TUS SUEÑOS?**

6802-2048 lidera@orlandofujitsubo.com

@orlandofujitsubo

orlandofujitsubo.com

LEGADO FINANCIERO
ORLANDO FUJITSUBO G. | TU COACH FINANCIERO

**¡Felicidades por haber dado el primer paso hacia una mejor gestión de sus finanzas personales!**

Ahora, es el momento ideal para llevar ese conocimiento más allá. Imagine lo que podría lograr con un acompañamiento personalizado. Al contratar mi servicio de coaching financiero, tendrá un aliado comprometido con su éxito. Yo lo guiará en cada etapa del proceso. Juntos, estableceremos objetivos claros y crearemos un plan de acción adaptado a sus necesidades.

No deje pasar esta oportunidad de invertir en usted mismo, en su familia y en su futuro. La decisión de contar con un coach financiero es clave para alcanzar la libertad financiera y realizar sus sueños.

**¡Actúe ahora y transforme su potencial en resultados tangibles! Estoy aquí para ayudarle a construir el camino hacia sus metas.**

## ¡HABLEMOS!

# LEGADO FINANCIERO

ORLANDO FUJITSUBO G. | TU COACH FINANCIERO

## ¡FELICIDADE$!

- Ahora tiene una perspectiva clara de su situación financiera y también tiene el conocimiento necesario para seguir fortaleciendo el camino que ha iniciado.
- Ya domina el sentido común del dinero (*SCD*) y conoce las acciones necesarias para hacer que el dinero siempre alcance...¡Atrévase a soñar con confianza!
- También está listo para comenzar a educar a su núcleo familiar. No los deje por fuera y súmelos a la experiencia de vivir en paz financiera. ¡A usted le conviene!
- Mantenga el ánimo y la motivación. Muy pronto comenzará a experimentar la paz financiera que tanto anhela y podrá comenzar a vivir la vida que se merece.

## ¡Me siento honrado de haberle servido!

Made in the USA
Coppell, TX
15 June 2026

81643701R00038